幽默心理学

孙红颖 编著

PSYCHOLOGY OF HUMOR

北京日报出版社

图书在版编目（CIP）数据

幽默心理学 / 孙红颖编著. —— 北京：北京日报出版社，2016.4（2016.7重印）

ISBN 978-7-5477-2068-4

Ⅰ. ①幽… Ⅱ. ①孙… Ⅲ. ①幽默（美学）—心理学 Ⅳ. ①B83

中国版本图书馆CIP数据核字（2016）第064173号

策　划　人 / 龙飞
责任编辑 / 王芳
项目编辑 / 孙红颖

出版发行：北京日报出版社
地　　　址：北京市东城区东单三条8-16号东方广场配楼四层
邮　　　编：100005
发行电话：发行部：（010）65255876
　　　　　总编室：（010）65252135-8043
印　　　刷：三河市祥达印刷包装有限公司
经　　　销：各地新华书店
版　　　次：2016年4月第1版
　　　　　2016年7月第2次印刷
开　　　本：710毫米×1000毫米　1/16
字　　　数：236千字
印　　　张：16
定　　　价：32.80元

版权所有，侵权必究，未经许可，不得转载

前 言
Preface

英国戏剧家萧伯纳说:"没有幽默感的文章是一篇公文,没有幽默感的人是一尊雕像,没有幽默感的家庭是一所旅店,没有幽默感的社会是不可以想象的。"相声大师侯宝林也曾说:"没有笑声的生活是一种酷刑,没有笑声的生活不成为生活。"幽默是智慧的迸发,是善良的表达,是交往的润滑剂,是人生的助推器,更是一种胸怀、一种境界。不管是日常生活或者是社交场合中,我们都喜欢幽默,因为幽默蕴涵着无穷的力量,给我们带来快乐。

幽默是一门艺术,是一个人的学识、才华、智慧、灵感在语言表达中的闪现。生活中,几乎所有人都喜欢和说话风趣的人在一起。具有幽默感的人,思路清晰、反应敏捷、妙语惊人,他们总是能以乐观、豁达的心态去观察世界,从容地面对各种纷繁的场合。

美国著名心理学家哈维·闵德斯在《笑与解放》一书中指出:"人人都可以成为笑的创造者,都可以把幽默感当做一种主动有效的才能,应用在生活的各个方面。"

美国心理学家保尔·麦基认为:"幽默感对于人的社交能力的发展起着举足轻重的作用。"

英国作家萨克雷曾说:"可以说诙谐幽默是人们在处理人际关系时所穿的最漂亮的服饰。"

一个具有幽默感的人,一定会成为社交的中心,在哪里都是人们所关注的焦点,无论是谈判交易,或者是茶余饭后的谈吐之间,都会让人们刮目相看。其谈吐魅力、受欢迎程度是不具备幽默感的人无法比拟的。

一个擅长幽默的人，有着强大的个人魅力气场，走到哪里，就能把笑声带到哪里，不仅可以使自己拥有好人缘，还可以给自己带来好心情、好运气。

一个懂得幽默的人，可以用幽默化解生活中的矛盾和争端，消除内心的紧张情绪，有效的化解尴尬局面，甚至是影响别人的思想和态度。

可见，会幽默是社交的一笔无形资产，会幽默的人，可以更灵活地处理各种事情或解决困难。但是，很多人即便知道幽默在社交中能带来不少好处，却不知道如何运用幽默。

幽默不单单是引人发笑，而且还带给人们心理上一种轻松和快慰。正所谓在恰当的时间说恰当的话，才能收到最佳的说话效果。

林语堂说："幽默者是心境之一状态，更进一步，即为一种人生观的观点，一种应付人生的方法。"不难理解，幽默的哲学是建立在技巧的基础之上的，只有恰当的内容，搭配精巧的技巧，才能在幽默的保驾护航之下，给人以启迪。幽默的根本目的在于表达和沟通，要运用好幽默，必须要懂得心理学，在沟通中摸清对方心理，将幽默的话说到对方的心坎上。

本书分为上下两篇：上篇配以幽默小故事，结合心理学知识，为读者阐述掌握施展幽默话语的诀窍；下篇为读者展示日常生活中各种场合的实景演练，帮助读者学会在不同的社交场合中，如何说幽默话，做幽默人，巧妙应用幽默的技巧，让自己在人际交往中如鱼得水，大受欢迎。相信通过阅读本书，一定会让你的幽默水平有一个质的提升，让你的人生从此欢乐不断。

目录　Contents

上　篇
懂得心理学，提升幽默的情致与潇洒

|第一章|
懂得心理学，让幽默的语言绽放美丽的花朵

幽默是一门实用的心理学 /004

幽默是一种神奇的沟通力 /006

诙谐效应：有一种智慧叫幽默 /008

磁铁效应：幽默是人际交往中的吸铁石 /011

|第二章|
捕捉对方心理，把握幽默的分寸感

幽默别过火，把握好一个度 /014

幽默不滥用，注意场合对象 /016

玩笑有禁忌，技巧要掌握 /018

幽默不是滑稽与讽刺 /021

风趣自然，切忌牵强做作 /023

第三章
攻破心理藩篱，妙语趣言拉近彼此距离

幽默一下，让陌生人成为朋友 /028
巧用幽默，消除彼此之间的距离感 /030
幽默寒暄，拉近心理距离 /032
适当自嘲，赢得别人欢迎 /035
幽默认错，获得他人的同情和谅解 /036

第四章
打破紧张沉闷，幽默营造轻松氛围

幽默活跃气氛，缓和紧张情绪 /040
幽默解说，诙谐妙语破解僵局 /041
适当玩笑，使沉闷的气氛活跃起来 /043
在闲暇交谈中融入幽默成分 /045

第五章
开心一笑化尴尬，幽默笑语解窘境

将错就错，幽默摆脱失言窘境 /048
不卑不亢，让对方无懈可击 /050
机智应变，假装糊涂迷惑对方 /052
幽默缓和，把难堪一扫而光 /055
自嘲诡辩术，窘境中寻活路 /057
巧妙圆场，帮他人夺回面子 /059

第六章
指正错误不伤人,幽默让批评悦耳动听

风趣调侃,用幽默将批评包装起来 /062
含而不露,启发被批评者的思考 /063
间接批评,转移攻击的锋芒 /065
玩笑中责备,让批评更容易被接受 /068
批人之前,先调侃一下自己 /070

第七章
幽默拒绝留情面,风趣说"不"易接受

趣言妙语,让拒绝的理由更易被接受 /074
逻辑拒绝,巧踢回传球 /076
婉言曲说,轻松拒绝 /078
幽默说"不",避免难堪 /080
巧妙拒绝,让他知难而退 /081

第八章
消除敌对情绪,幽默化解矛盾冲突

轻松应对,幽默话语平息冲突 /084
与人为善,用幽默化解冲突 /086
顺水推舟,幽默解除危机矛盾 /088
善用幽默,缓和激烈的火药味 /090
幽默调解,淡化对立情绪 /092

下 篇
妙用心理学，发挥幽默的才气与灵气

|第九章|
幽默劝诫，让说服变得轻松

幽默说理，让劝诫更易接受 /098

幽默地对他人进行劝导 /100

正话反说，促人醒悟 /101

转换角度，劝导也能妙趣横生 /103

间接幽默，含蓄中传达道理 /104

|第十章|
诙谐风趣，幽默让友情更加深厚长久

交友不难，幽默的人容易接近 /108

开个小玩笑，让友谊更坚固 /109

善于调侃，给别人戴顶高帽子 /112

幽默宽慰，为朋友拨开心上的阴霾 /114

|第十一章|
智慧生活，幽默让家庭充满温馨与和谐

幽默是家庭生活的调味品 /118

幽默关怀，用幽默表达浓浓爱意 /120

巧用幽默，弥补自己的过失 /122

趣味调侃，为琐碎的家事带来快乐 /124

亲情幽默，委婉表达对亲人的看法 /127

多讲幽默，少些大道理 /129
求同存异，达成一致也简单 /131

|第十二章|
高效谈判，幽默的语言令对手折服

以幽默的语言，营造良好氛围 /134
迂回入题，幽默谈判的制胜法宝 /136
旁敲侧击，避免与他人正面交锋 /137
明争暗斗，谈判桌上的"硝烟" /139
幽默言谈，为商务谈判增添活力 /142
双赢，商业谈判最好的结果 /144

|第十三章|
幽默表达，让你的观点最具灵动性

含沙射影，幽默表达 /148
运用幽默表达真正意图 /150
话不直说，含蓄表达 /152
间接暗示，妙趣横生 /154
大智若愚，幽默表达 /157
一语惊人，简洁明了 /160

|第十四章|
游刃职场，幽默助你的工作更轻松

幽默谈吐，让同事关系更融洽 /164
幽默的建议，更容易被采纳 /165

幽默应变，谈笑间应对工作难题 /167
富于幽默，捕捉更多的机会 /169
幽默言语，获得领导赏识 /171
委婉表达对同事的意见 /173
幽默自夸，让人愉快地接受 /174

| 第十五章 |

幽默管理，做有亲和力的上级

做幽默的领导，提升自己的亲和力 /178
善用幽默，拉近与下属之间的距离 /180
展露幽默，轻易捕获下属心 /183
将幽默的力量贯穿于人性化管理 /184
适当幽默，让你的管理轻松而有效 /186

| 第十六章 |

柔情妙语，让美好的爱情之花绽放

幽默搭讪，迈出交往第一步 /190
幽默求爱，赢取芳心的制胜法宝 /191
幽默情趣，助燃爱情的火焰 /194
恋爱润滑剂，幽默消除小摩擦 /196
来点醋意，酸酸甜甜更有味 /198
爱情守护神，用幽默呵护爱情 200
幽默示爱，展现恋爱的智慧 /203

目 录

第十七章
演讲幽默,做一个受欢迎的说话者

趣味开场,拉近与听众的距离 /206

幽默演讲,拨动听众的心弦 /208

驾驭听众,幽默让沟通更顺畅 /210

幽默"投其所好",有针对性地选择话题 /212

活跃现场气氛,与听众幽默互动 /214

幽默应对,临场意外不要慌 /215

自我调侃,幽默演讲的必备手段 /218

幽默结尾,余音绕梁回味无穷 /220

第十八章
机智接招,幽默是有效的反击利器

幽默反击,让对手哑口无言 /224

用幽默之矛反戈一击 /226

锋芒内敛,隐蔽反击 /228

谨慎运用"敌意"幽默 /230

沉稳冷静,幽默反击 /231

机智幽默,巧妙反驳 /234

化解对抗,弱化攻击 /239

上 篇
懂得心理学,提升幽默的情致与潇洒

莎士比亚说:"幽默和风趣是智慧的表现。"幽默是一种情致,一种潇洒,一种生动有趣而实用的说话艺术,更是一种为人处世的生活哲学。懂得心理学,将幽默的话说到他人的心坎上,不仅能折射个人的讲话水平和风度,更能于诙谐之中处理好各种人际关系,由此增加生活的趣味和乐趣。

幽默心理学

第一章

懂得心理学，让幽默的语言绽放美丽的花朵

喜剧大师卓别林曾经说过："幽默是智慧的最高体现，具有幽默感的人最富有个人魅力，他不仅能与别人愉快相处，更重要的是拥有一个快乐的人生。"幽默心理学是一门实用的心理学，从现实意义中说，幽默能够带给人快乐，而幽默心理学可有助于人们了解快乐的心理机制。在现实的人际交往中，我们在培养和运用幽默时，应尽量掌握交流双方的心理诉求，读懂他人的心理，如此方可说出恰到好处的幽默语言，达到自己和他人都满意的效果。

幽默是一门实用的心理学

幽默是一种语言技巧,是一种有趣、生动、实用的口才艺术,更是一种为人处世的生活哲学。日本心理学家多湖辉把幽默称做"语言的酵母"。在现实生活中,人们常常根据一个人的讲话水平和风度来判断其学识、修养和能力。一个具有出众口才、风趣幽默的人,不管在什么场合都是人们关注的焦点,无论是茶余饭后时的妙语解颐,还是谈判交易时的聪明睿智,都会让人们刮目相看。因此,可以说,一个人最能彰显其闪光魅力的就是幽默。

幽默可以带给我们快乐,而幽默的人也会更受他人欢迎。幽默作为一种重要的心理品质,它在维持机体健康、缓解压力和紧张情绪、改善人与人之间的关系和维持健康心理等方面都发挥着举足轻重的作用。随着积极心理学的兴起,幽默也开始进入心理学的研究范畴并开始被越来越多的心理学家所重视。

那么,幽默到底是什么呢?"幽默"是一个外来词,由英文"Humour"一词音译而来,最早是由林语堂引入中国的,意为语言和行动有趣可笑、意味深长。现在说到幽默,我们往往会想到:笑话、机智、喜剧、笑等。而在心理学的研究领域却很难对幽默做一个统一和明确的定义,总的来说,幽默主要包括两层涵义:

一是幽默作为人格特质,即幽默感,是一种创造欢笑和逗趣的能力。从这个层面来说,研究可以关注不同的人在幽默感上存在差异,也可以进一步探讨幽默的心理功能。

二是幽默作为一种引人发笑的刺激,在这个层面研究者关注为什么幽默会使人发笑、什么样的刺激容易引起幽默,也就是幽默的心理机制。

幽默为什么会引人发笑?其中的心理机制是什么?在对幽默的研究过程中,很多心理学家、哲学家、幽默家都做过很多研究,也形成了各种理论,其中最有影响的有三种理论:

(1)优势理论:即认为自己比别人优秀而发笑。那些以取笑或嘲笑他人的缺陷或不幸为内容的幽默就属于这一类型。这种幽默的产生,是通过和别人的缺点或不幸比较，从而突出自己的利处，引起心理的愉悦和自得。

（2）释放理论：即认为幽默是缓解压力和释放能量的一种方式。认为幽默是来自于人们的释放压力需要或者是被唤醒的压抑的、不能直接表达的愿望。现代心理学研究表明，人的大脑皮层有个"快乐中枢"，幽默正是其最佳的刺激源之一。"快乐中枢"接受幽默的刺激之后，便呈现兴奋状态，在人的机体内产生一场"生物化学暴风雨"，能够缓解紧张的精神状态和心理重负，洗刷生理疲劳和精神倦怠，进而达到平衡心态和改善人际关系的目的。

（3）失谐理论：即认为幽默是将一些不一致的、迷惑的和认知不和谐的成分强化，并呈现在人们的面前。而当一种适中的不和谐迅速解决时，会伴随一种生理唤醒的变化，从而产生一种开心和好玩的感觉。

关于幽默的心理机制的理论还会越来越完善，不管是哪种理论，都肯定幽默会带给人快乐。幽默是一门实用的心理学，对人的心理健康和人际交往具有积极作用。

首先，幽默具有发泄不良情绪，降低攻击性作用。著名心理学家弗洛伊德说过："笑能给予我们精神快感，它把一个充满能量和紧张度的有意识过程转化为一个轻松的无意识过程。"弗洛伊德认为幽默对人们压抑的愤怒、怨恨等负面情绪具有较好的宣泄作用，后来很多研究也证实了这一点。有一项研究是先让被试者体验挫折以引起愤怒和怨恨等负面情绪，随后让其中的部分被试者看幽默录像，结果发现观看了幽默录像的被试者的负面情绪明显比没有看幽默录像的人低很多。

其次，幽默可以有效缓解人们的压力。幽默感是应对压力事件的调节变量，可以在压力应对中起到一个压力缓冲的作用。有研究显示，面对相似的困难和问题，幽默感强的人比幽默感少的人会感觉到更少的压力和焦虑，而且他们会更容易找到积极应对的策略。

最后，幽默还能协调人际关系。人际关系和谐是心理健康的重要因素，而幽默经常被称为人际关系的润滑剂，在生活中有幽默感的人也更受他人的欢迎。无论是朋友之间、恋人之间，还是夫妻之间，甚至管理者与员工、老师与学生之间，幽默都可以促进彼此的关系，使沟通交流具有很好的效果。

幽默是一种神奇的沟通力

美国心理学家赫布·特鲁说:"幽默可以润滑人际关系,消除紧张,减轻人生压力,使生活更有乐趣。它把我们从个人小天地里拉出来,使我们一见如故,寻得益友。它帮助我们摆脱窘迫和困境,增强信心,在坎坷的人生道路上笑着前进。"因此,我们可以说幽默是一种神奇的沟通力。在生活中,我们需要与他人进行沟通和交流,而幽默的语言往往能更好地帮我们实现想要的效果。

我们与他人沟通的过程,实质是洞察对方心理的一个过程。人与人之间的交流沟通,实际上是心理上的沟通。幽默,像桥梁一样,拉近了人与人之间的心理距离,弥补了人与人之间的鸿沟,消除了彼此的敌意。依靠幽默的力量,能够润滑人际关系,减轻人生的压力,化解生活和工作中的难题。

> 可以说诙谐幽默是人们在处理人际关系时所穿的最漂亮的服饰。
> ——英国作家萨克雷

与陌生人初次见面时,一句幽默的玩笑,可以轻松消除彼此之间的陌生感,拉近彼此距离,破解无话可说的尴尬气氛。

与人发生争执时,一句幽默的话,可以将那些不愉快的事付之一笑,从而使紧张的气氛云开雾散。

在激烈的论辩过程中,幽默常常能发挥证明与反驳所无法达到的作用,让人立于论辩的不败之地。

在沉闷的朋友聚会上,适当开个玩笑,可以营造一种活跃的气氛,让彼此的友谊更加坚固长久。

在疲惫的旅途中,一个轻松的笑话,可以调动当时的气氛,给人们带来快乐,从而忘记暂时的疲惫和烦恼。

在有失礼之处请求他人原谅时,幽默的方式不仅能化解失礼的尴尬,让对方马上忘记不愉快,还有助于挽回因为失误而损害的形象,展现个人的修养。

在有不同的意见或建议时,善于用幽默的方式表达出来,更容易被人接受,彼此的沟通也会更加顺利。

……

美国当代心理治疗专家彼得说过:"和同事或同行聊天,说些与工作相关的幽默能促进沟通,尽管大家的政治观点、宗教信仰与嗜好不同,但幽默可以促进大家分享工作上的'笑',造成共同的经验与目标。与职业有关的笑话和幽默故事能改善你与同事的关系,也会制造感情的交流。"

美国自然科学家肯兰德·洛伦茨也曾有类似的看法:"笑,作为幽默的公开表示方式,在参与者中间能够产生出强烈的伙伴感情和一致对外的攻击性。此时此刻的开怀大笑可以立即形成一种紧密的默契,很像人们对某个相同观念所产生的热情一样。在同一事物中发现可笑性,这不仅是真正友谊的必要条件,而且经常是形成友谊的第一步。"

幽默是一种神奇的沟通力。幽默的沟通方式是人最容易接受的沟通方式之

一、在与人沟通中融入幽默的元素，那彼此间的沟通必然会更加愉快和顺畅。

诙谐效应：有一种智慧叫幽默

田纳西州州立大学心理学教授诃沃德·约利欧通过对幽默效应的研究发现：幽默能减轻疲劳，振奋精神，使那些从事重复性劳动的人们也能在轻松愉快的气氛中更好地完成工作任务。幽默更是一种最生动的语言表现手法，与幽默的人相处，谈话令人愉快。如果与人发生争执，或是各自坚持自己的意见时，幽默常常可以让人立于论辩的不败之地，并且化争执为会心一笑。

幽默是人际交往的润滑剂，在心理学中，诙谐效应是一种防御机制。在日常交际中，不可避免地会出现困难或尴尬的场景，这时候，幽默就成为了最好的调节剂，可以运用一些诙谐的手法，自我解脱，摆脱尴尬的境地，营造出和谐美好的气氛，从而与他人建立友好的关系。

公共汽车上，一位老太太不停地打扰司机，汽车每行一小段，她就会提醒司机她要在哪儿下车。司机一直很有耐心地听，直到她后来大叫："但是，我怎么知道我要下车的地方到了没有？"司机说："你只要看我脸上笑开了，就知道了。"

由于他人的妨碍，无法把工作做好，同时对此人又不允许直言冒犯，故而采用委婉的幽默方式以便达到自己的目的。

一天，索罗斯敲开邻居家的门："请把您的收录机借给我用一个晚上好吗？"

"怎么，你也喜欢晚间特别节目吗？"

"不，我只想夜里能够安安静静地睡上一觉。"

如果你在处理棘手问题时，不便直接表达自己的看法，就可选用幽默的方式以便对方主动妥协，这也是一种很有效的沟通方式。

林肯对麦克伦将军没能很好地掌握军机深感不满，于是他写了一封信：

"亲爱的麦克伦：

如果你不想用陆军的话，我想暂时借用一会儿。"

如果一些人不能把分内的工作做好，又对他人期望值太高，要求太多时，也应该肯定地表达你的看法，其方式当然曲折、委婉一点好。

有幽默感并且在事业中功成名就的人，会经常接受到来自他人的幽默，同时也常常以幽默的力量回报对方。因此这些人能够在交际中缩短与普通人沟通的距离，其成功的宝座就会越坐越稳。

查理在一家公司工作，第二天是星期天，因工作需要，上司安排他加班。

上午十点多钟，查理正在理发店理发，碰巧遇见了上司。他想躲，可上司就坐在他的邻座上，而且已经认出了他。

"好啊，查理，你竟然在工作时间来理发，这是违反公司规定的。"

"是的，先生，我是在理发。"他镇定自若地承认，"可是你知道，我的头发是在工作时间长的呀。"

上司一听，勃然大怒："难道都是在工作时间长的吗？"

"是的，先生，您说得完全正确。"查理答道，"可我并没有把头发全部剃掉呀！"

不论语言的正确与否，单就这充满幽默力量的对答就体现出员工的信心与机智，他相信，与自己的上司开个玩笑是在当时情况下处理尴尬局面的最好方式。

与你的下属一起快乐，并不是以你自己为中心，而是以关心他人的方式来邀请他和你一起笑，进而引发足以激励他人的幽默力量。

经理叫新聘女秘书笔录一封信给旅行中的太太。当她把信写好给他看时，他发现漏了最后一句"我爱你"。

经理:"你忘了我最后的话。"

女秘书:"不!我没有忘记,我还以为你那句话是对我说的呢!"

正如每一位下属把自己的将来交给自己的上司一样,每一位经理和居于领导地位的人,也都把他的将来交在属下的手中。当你运用幽默的力量去帮助别人更有成就时,你会发现不仅更容易将责任托付给他人,而且能更自由地去发展有创意的进取精神。幽默的力量能改善你的将来,因为你的属下、同事会认同你,感谢你坦诚开放的态度,和你一起笑,对任何事情都持乐观态度,以轻松的心情面对自己的能力。

职员:"老板!"

老板:"什么事?"

职员:"我老婆要我来要求您提拔我。"

老板:"好吧!我今晚回家问问我老婆是否同意提拔你。"

这是以其人之道还治其人之身。幽默的背后蕴涵鞭策,通过对自己的取笑来达到激励对方积极向上的目的。

在日常交际中,我们经常会不可避免地遇到一些尴尬的、难以处理的局面,在这种情况下,幽默是你最好的选择。对于疲劳的人来说,幽默就是休息;对于烦恼的人来说,幽默就是解药;对于悲伤的人来说,幽默就是安慰。对于所有的人来说,幽默就是一种力量,一种在社交场合化险为夷的力量。在日常交际中,幽默是智慧与知识的综合体,无论是处于四面楚歌的绝境,还是处于受人非难的尴尬场面,幽默都可以帮助你摆脱危险,脱离尴尬境地。

磁铁效应：幽默是人际交往中的吸铁石

幽默是人际交往中的吸铁石，可以将周围的人吸引到你身边来。幽默也是转换器，可以将痛苦转化为欢乐，将烦闷转化为欢畅，每个人都喜欢与机智幽默的人做朋友，而不愿与忧郁沉闷、呆板、木讷的人交往。

某大学有一位植物学教授，开的课虽然是冷门课程，但只要是他的课，堂堂爆满，甚至还有人宁愿站在走廊旁听，原因并不是这位教授专业知识多超人，而是他的幽默风趣风靡了校园，使得学生们都喜欢上这位教授的课。

有一次，该教授带领一群学生深入山区做校外实习，沿途看到许多不知名的植物，学生好奇地一一发问，教授都详细地回答解说。一位女同学不禁停下了脚步，对着教授赞叹地说："老师，您的学问好渊博呀，什么植物都知道得那么清楚！"教授回头眨了眨眼，扮个鬼脸笑道："这就是我为什么故意走在你们前头的原因了，只要一看到不认识的植物，我就'先下脚为强'赶紧踩死它，以免露馅！"学生们听了个个笑得前仰后合，可见，这次实习之旅是一趟充满笑声的愉快之旅。

> 教育家最主要的，也是第一位的助手是幽默。
> ——苏联著名教育家斯维特洛夫

当然，教授只是开个玩笑，幽默一下而已，这就是他广受学生欢迎的原因。

荣耀全美国的十大销售高手之一的甘道夫博士曾说："销售是2%的产品知识和98%的了解人性。"美国《情商》一书的作者戈尔曼博士说："成功来自80%的情商和20%的智商。"可见，了解人性、善于沟通才是成功的关键所在。我们经常会诧异，为什么有人那么受人欢迎而有人却那么受人鄙弃？问题就在于"要懂得适时的幽默，更要懂得将幽默摆在严肃的前面"。

幽默心理学

在人际交往中,冷漠的脸孔总是让人敬而远之,而微笑热情的面容总会让人有亲近的感觉。总板着苦瓜脸的人是不会被人欣赏和欢迎的,而拥有充满笑容的阳光脸的人会使人感觉与之成为朋友是一件让人愉快的事。

日本的一位人际沟通高手福田建先生,曾提出一个生活实验报告:"笑容可以招来笑容。"意思是说,当我们以笑脸对着别人时,别人也会以笑容回报,所以有人认为:"笑是一种可爱的传染病,被它感染了不但浑身舒服,还快乐无比呢!"福田建还说:"'笑脸迎人'不但是一剂人际关系的万能药,还是一剂最好的特效药。"

除了一张微笑的脸之外,受人欢迎还需要有一颗关心体贴别人的心。

有个人去看牙医,牙医看了看说:"这颗牙已经被严重蛀坏了,无法根治,需要整颗拔掉!"

病人问:"请问拔一颗牙要多少钱?"

牙医回答说:"600元。"

病人一听大吃一惊地说:"什么?拔一颗牙只需短短几分钟就要收600元!"

牙医笑道:"我也可以慢慢地帮你拔,拔到你满意为止。"

在适当的场合,幽默可以使你更有亲和力,更容易让人亲近,故事中牙医的幽默一方面消除了病人对昂贵药费的不满,另一方面放松了病人的紧张心态。幽默可以使紧张的心情松弛下来,从而使你更受别人的欢迎。

第二章

捕捉对方心理，把握幽默的分寸感

幽默让生活趣味盎然，幽默给人们带来欢乐，幽默让爱情增加甜蜜，幽默让朋友更加亲密。但幽默不是无所不能的。面对不同的人，在不同的地点，需要把握好幽默的分寸。一双善于观察的眼睛，一颗机敏的心，随时捕捉对方的心理，适时、适度的幽默，这样才能真正运用好幽默。

幽默别过火，把握好一个度

幽默被誉为现代人为人处世的重要法宝之一，也是用来衡量一个人口才乃至智慧的标准。很多人都在想方设法使自己成为一个幽默的人、一个有情趣的人。事实上，培养起一定的幽默感并不是很难，难的是准确捕捉对方的心理，从而把握好幽默的尺度。

凡事均要讲适度，幽默亦如此。在生活中，适时适地运用幽默，才能使相互之间的关系更加和谐、亲密。而过分的幽默往往会使人产生古怪的感觉，尤其面对刚开始交往的人，你滔滔不绝，笑话连篇，表现出很风趣、很有才华的样子，只会让人在心理上反感，使人觉得你过于油嘴滑舌、轻飘虚伪，喜好卖弄自己。这在那些旨在纠正他人的幽默技巧中表现得更为明显。这里就幽默的使用，有三个忠告。

> 幽默感就是分寸感。
> ——纪伯伦

首先是：幽默勿以讥讽他人为乐事。

苛刻的幽默很容易使他人受到伤害。通常，讥讽、攻击、责怪他人的幽默，也能引人发笑，但是它却常常让人在心理上无法接受，使本应该欢乐的场面变得十分难堪。

一位中学教师到某地出差时，拎了一兜香蕉去看望一个多年未见、新晋升为副处长的老同学。

老同学心宽体胖，雍容富态，开门见是同窗好友，一边让进屋，一边指着他手中的提兜戏谑道："你何时落魄到走门子了？本处长清正廉明，拒绝歪风邪气、腐蚀贿赂。"

一句讥讽的调侃，使教师自尊心受了伤。他顿生反感，扭头就走了。

显而易见，幽默既不等同于一般的嘲笑、讥讽，也不是单纯地为笑而笑，轻佻造作的贫嘴耍滑。幽默是修养的体现，它与中伤截然不同。幽默笑谈是美德，恶语中伤是丑行，真正好的幽默是真情实感的自然流露，是平衡严肃和趣味的调剂品。

带有嘲讽意味的幽默极易伤害他人自尊心，下面就有一个例子：

某饭店服务员小王不爱刮胡子，多次被批评，但积习难改，于是主管找他谈话。这位主管劈头问道："小王，想一想，你身上最锋利的是什么呀？"小王愣了一下，掏出水果刀说："就这把水果刀了。"经理摇头："不见得，我看是你的胡子。"小王不解："为什么？""因为它的穿透力特别强。"（潜台词：你的脸皮特别厚。）小王反应过来以后，脸气得通红。

由于讥讽幽默有严重的负效应，我们在使用幽默对别人进行批评时就要进行严格的推敲，以免使接受者在心理上产生被嘲笑、被捉弄的感觉。

第二个忠告是：恶作剧有时可以产生幽默效果，但使用时要注意分寸。

恶作剧在乍见之下，似乎并不是什么错误的事，但稍作咀嚼，就可以发现其中包含着憎恶及攻击性的意味，而此时，对他人造成的伤害也无可挽回。

过火的恶作剧很伤人，很可能会使对方的心理受到极大的伤害。所以，恶作剧一定要止于天真无邪的玩笑才行，也只有如此才不会伤害到他人的自尊。善意的恶作剧，自然能给平淡的生活带来一丝乐趣，让人开心；但不怀好意的恶作剧，不但令人生厌，而且影响人际关系。

好莱坞有一批专爱捉弄人的演员，开起玩笑来无所顾忌，令人瞠目结舌。时常有人用装有火药的雪茄请朋友抽，吓得对方魂飞魄散。这样的恶作剧虽然能让他们在紧张繁乱的工作中解脱出来，放肆地大笑一场，却使被戏弄的对象十分不快。

笑有愉悦功能，也有惩罚功能。用弗洛伊德的话来说，恶作剧就是平时压抑的情感与欲望得到了发泄。

第三个忠告是：幽默可能会产生良好的效果，但前提是要把握好幽默的量。

一句幽默的妙语可以为沟通带来契机和轻松的气氛,但是源源不断的妙语、笑语、警句、讽喻却只能阻塞沟通。因为"幽默轰炸"通常会导致对方思维紧张,使人不知如何是好。试问有谁能不间断地承受强烈的幽默呢?这只能让人认为你没正形,油嘴滑舌。

幽默其实是一柄双刃剑,当我们运用的时机、地点乃至言词不当时,都可能伤害别人的自尊与情感。如果幽默不能为人带来欢娱,却强加给人怨愤、痛苦,这是令人遗憾惋惜的事情。我们应该学会怎样避开幽默的禁区。

幽默的社会心理价值并不意味着它的普遍随意性,幽默的文化功用也不说明它具备了万能的效应。这是一朵带刺的玫瑰,是一片风光旖旎的雷区,任何轻率、莽撞的行为都将使使用者饱尝苦果,使潇洒轻松走向它的反面。

幽默不滥用,注意场合对象

恩格斯曾经说过:"幽默是智慧、教养和道德的表现。"幽默的语言能够让社交的气氛变得轻松和融洽,是最有趣最有感染力的语言传递艺术。因此,在社交场合中,我们应该具有一种幽默的气质,来增添个人的魅力,取得良好的交际效果。但是,很多人对于幽默的理解是片面甚至错误的,他们不懂得注意场合、对象,往往滥用幽默。

在与人的交往中,言语交际的失败大多与滥用幽默有关。滥用幽默不仅会使自己陷入尴尬的困境,还会引起他人的反感,遭到别人的轻视。在众人的目光中,喋喋不休者仿佛小丑一样可笑,而故作幽默者更胜过小丑。因而我们运用幽默时,千万要注意时机、场合和对象。

英格兰人常说:尽管幽默很重要,但它并不是生活的全部。当时机恰当的时候,你才能去用它。

在西方,愚人节这天一个足不出户的小伙子可能突然接到姑娘约会的电话;一个姑娘会突然接到不是父母的"父母"来信;一个人到澡堂洗澡,衣服会不翼而飞;一个学生去上课,教室里却空无一人……谁都知道这是有人在故意捉弄你。谁都想在这无所顾忌的节日里高高兴兴地捉弄别人，而被捉弄的人发觉上当后也为实实在在地被人捉弄而高兴。

愚人节，一个人在街上散步，突然背后传来吆喝："请让开，便桶来了！"他急忙闪开，一辆自行车匆匆而过，上面是一个小伙子带着个漂亮姑娘。

如果上述事情不是发生在愚人节，而是发生在其他的时候，不但收不到幽默的效果，还会使他人觉得无聊，甚至引起他人的反感。可见，幽默不是随时都可以抛洒的。随着文明的进步，生活经验的积累，人们越来越清楚地认识到：幽默要讲究时机。

> 幽默的人总是会悦人娱己，因此凡是会适时的幽一默的人，定然会具有亲和力的潜质。

不过，要想成功地使用幽默，在讲究时机的同时还应当注意大环境。因此，只有在适当场合，适当的时机，运用恰当的幽默，才能活跃气氛，迎合交谈对象的心理活动。

在发生重大事件的严肃场合，或者在葬礼上，不合时宜的幽默话语会引起别人的误解甚至怨恨。比如朋友正为失去亲人而伤心，你对在灵前落泪的朋友说："去世的那位先生一定是个个性强硬的人，你看，他现在从头到脚都是僵硬的。"这番"幽默"肯定会受到痛斥。

在庄重的社交活动中，任何戏谑的话语都可能招来非议。如果你幽默起来没边没际，太过夸张，为追求效果而手舞足蹈，也会让人心生反感。人家会觉得你虚伪浮躁，不够稳重，严重影响你的个人形象。

曾经不止一位幽默理论家这样告诫我们："观察对方的个性、好恶和心情，乃成功施展幽默的窍门。"的确，俗语说"一种米养百样人"，社会每个成员的性格、心理、教养都不尽相同，意趣更是千差万别。假如你对他人的个性不够了解，那么你苦心经营的幽默未必恰当。

因此，在社会交际中，要视对象的不同，把握好分寸，幽默才能收到好

的效果。在社交生活中,我们应根据具体的环境、对象和氛围,采用适当的形式来表达出恰当的幽默。

公交车上,上来了一位老太太,一位男士起身让座,老太太不服气地说:"我还没到那个年龄。"这位男士说道:"不,小姐,我这只是单纯的女士优先。"

所谓顾及听众,当然不是一种姿态,一种态度,而是幽默作为交际的艺术必须具备的前提条件。

幽默的群体性和共娱性特征是十分明显的。但群体亦是由个人构成的,因此能够娱乐甲的一句话,可能在乙听来是侮辱。所以我们在强调幽默群体性和共娱性的同时,也不可忽视幽默给个体带来的冲击和感受。有关种族的幽默是最微妙、最难处理的。当你和一群人都是流着共同祖先的血液时,说说种族的幽默可能会带来理想中的效果;但当一群人分别来自不同的种族时,使用涉及种族的幽默则会有很大的危险性。

注意对象,了解对象,才容易找到合适的幽默话题;适应对方的心理需要,才能真正达到沟通的目的。分而治之,是现代幽默的最为完美的战术。

玩笑有禁忌,技巧要掌握

俄国文学家契诃夫说过:"不懂得开玩笑的人,是没有希望的人。这样的人即使额高七寸、聪明绝顶,也算不上真正有智慧的人。"人际交往中,开个得体的玩笑,可以使人心理放松,活跃气氛,创造出一个适于交际的轻松愉快的氛围,因而诙谐的人常能受到人们的欢迎与喜爱。但是,玩笑开得不恰当,则会适得其反,伤害彼此的感情,因此开玩笑要掌握好方法。

某公司的销售部有个叫金鹏的销售员,他年轻时候长过很多青春痘,满脸都是疤痕。

一天，一个职员神秘兮兮地跟另一个职员说："嘿，看张图片，你猜是谁？"

众人挤过来一看，原来是一个橘子皮。

"你拿金鹏的照片干吗？"其中一个人喊。

大家爆笑，于是"橘子皮先生"就成了金鹏公开的绰号。

金鹏本人感到十分委屈。

总经理实在看不过去，有一次更正道："我知道大家最近都说金鹏是'橘子皮'。但就算真像也不能这么说啊。太不照顾同事的情绪了。我宣布，你们以后再说起他的长相时只可以说：'金鹏，咳！他长得很提神。'"说完大家都笑了，连金鹏自己也被逗乐了。

一般而言，玩笑是人际交往中的润滑剂，能够缩短交往双方的心理距离，能够活跃气氛，能够化解尴尬的窘境。如果你能够在交际中恰当地运用这一技巧，就会使自己成为交际中的高手。

1. 态度要友善

与人为善，是开玩笑的一个原则。开玩笑的过程，是感情互相交流传递的过程，如果借着开玩笑对别人冷嘲热讽，发泄内心厌恶、不满的情感，那么除非别人是傻瓜才会识不破。有些人也许不如你口齿伶俐，表面上让你占了上风，但事后会认为你不能尊重他人，从而不愿与你交往。

2. 内容要高雅

笑料的内容取决于开玩笑者的思想情趣与文化修养。内容健康、格调高雅的笑料，不仅能给对方带来启迪和精神上的享受，也是对自己美好形象的有力塑造。

3. 活泼要适度

举止活泼，谈吐风趣幽默，往往是人际交往的良好触媒，也是交往深化的催化剂。不过言行切莫过了头，否则就

> 只有能够开玩笑的人，才是有希望的人。
>
> ——俄国文学家契诃夫

难免会有不检点、轻浮之嫌。我们的身边可能都有这样的人,他不分场合,不择对象,谈话中一味插科打诨,俏皮话连篇,有时甚至在大庭广众之下,公然称呼别人的绰号,开一些不适当的玩笑(例如以对方的生理缺陷为目标),不仅会引起当事者的反感,连在场的其他人也觉得难堪,不知要如何收场。这样怎能收到活跃气氛、融洽关系的预期效果呢?因而,我们绝对不能把庸俗(甚至是恶俗)当成洒脱幽默,把肉麻当成好玩有趣。否则,这种所谓的"活泼",就将变成人际交往失败的推手。

4. 场合要分清

在庄重严肃的场合不宜开玩笑,否则极易引起误会。此外,朋友陪不熟悉的客人时,忌和朋友开玩笑。人家已有共同的话题,已经酿成和谐融洽的气氛,如果你突然介入与之玩笑,会转移别人的注意力、打断他人的话题、破坏谈话的雅兴,朋友会认为你扫他面子。

5. 对象要区别

同样一个玩笑，能对甲开，不一定能对乙开。人的身份、性格、心情不同，对玩笑的承受能力也不同。

一般来说，后辈不宜同前辈开玩笑，下级不宜同上级开玩笑，男性不宜同女性开玩笑。在同辈人之间开玩笑，则要掌握对方的性格特征与情绪信息。和残疾人开玩笑，要注意避讳。人人都怕别人用自己的短处开玩笑，残疾人尤其如此。俗话说："不要当着和尚骂秃子，癫子面前谈灯泡。"

对方性格外向，能宽容忍耐，玩笑稍微过大也能得到谅解；对方性格内向，喜欢琢磨言外之意，开玩笑就应慎重。对方尽管平时生性开朗，但如恰好碰上不愉快或伤心的事，就不能随便与之开玩笑。相反，对方性格内向，但正好喜事临门，此时与他开个玩笑，效果也会出乎意料的好。

幽默不是滑稽与讽刺

有人认为幽默就是讲个滑稽的笑话引人大笑，也有人认为幽默是一种表现机智诙谐的能力。这些看法虽然有一定的道理，但不完全正确。从心理学角度分析，幽默不是滑稽，不是讽刺，更不是笑笑而已。

幽默和滑稽都逗人发笑，但这是两种不同的笑。生活中可以见到一些滑稽现象，例如，高大的胖女人和矮小的瘦男人跳舞；或是男人扮女相，唱女腔，挺大的块头，扭捏作态，冒充多情的姑娘；还有某些相声里表演的某人一下子掉进老虎洞，或是卡在电梯里，这就是滑稽。

贫嘴瞎逗、装傻充愣固然能使人发笑，但这种笑是由于事情的荒唐怪诞而引起的，并没什么内涵和新意，更没什么可回味的东西。于是我们常常想起这么一句话："使人发笑的，是滑稽；使你想一想才发笑的，是幽默。"那些利用庸俗耍怪的搞笑节目，来硬掴观众胳肢窝笑的，只是滑稽，而幽默的笑是启人心智的笑，让人笑得发自内心。一个是浅薄的逗乐；而另一个是智慧的闪现。

第二次世界大战期间，英国首相丘吉尔来到华盛顿会见当时的美国总统罗斯福，要求美国共同抗击德国法西斯，并给予英国物资援助。丘吉尔受到热情接待，被安排住进白宫。这天早晨，丘吉尔正躺在浴盆里，抽着他那特大号的雪茄烟。门开了，进来的正是罗斯福。丘吉尔大腹便便，肚皮露出水面……

> 有的人对幽默具有一些乱七八糟的领会，只看到低级、琐碎的事物的可笑一面。而世界上还有高级的、滑稽可笑的东西。
> ——马克·吐温

这两个首脑人物在此刻见面，委实尴尬。丘吉尔把烟头一扔，说："总统先生，我这个英国首相在您面前可真是开诚布公，一点隐瞒也没有！"说完后，两个人哈哈大笑起来。随后，双方的会谈获得成功。

会谈能够成功，或许丘吉尔的幽默不无作用吧！他说"一点隐瞒也没有"，不仅是为了调侃打趣，缓解窘境，而且含有坦诚求助、彼此信任的寓意。让对方在心理上接受自己的观点，从而会心大笑，这是幽默，而不是滑稽。

现代社会，由于生活、工作中的种种压力，人们都渴望用幽默让自己快乐起来。然而却有很多人错把讽刺当成了幽默，将自己的欢乐建立在别人的尴尬之上。苏联心理学家普拉图诺夫说："幽默是在玩笑的背后隐藏着对事物的严肃态度，而讽刺却是在严肃的形式背后隐藏着玩笑。"讽刺的对象是他人他事，而幽默的对象则可以是他人也可以是自己。从生活交际上来说，幽默就好比一股清泉，只要有适当地春风掠过，就能够引起圈圈涟漪，让人心神舒畅；而讽刺就好比人心中的一把刀，只要拿出来，就会伤害到他人，引起别人不良的心理反应，让人为之愤怒。可生活中偏偏有些不自量力的人，认为自己比他人更加优秀不凡，在言语中总是让别人觉得他高人一等，甚至连幽默时，也会讽刺别人不如自己。这时，就算再谦逊的人，心里恐怕也会愤愤不平了。

在一个慈善团体的舞会上，一个富家少爷邀请一位身份普通的慈善团体女成员跳舞。这位女子不好意思地说:"您怎么和我这样一个平凡的人跳舞呢?"这位少爷回答:"这不是一件慈善事业吗?"女子听后,立刻冷下脸来说:"我看我还是不接受你的慈善为好。"

这位富家少爷的肤浅让人感到可笑。我们都知道"人人生而平等"这个真理,可这位富家少爷的"幽默",偏偏抬高了自己、贬低了别人。这种"幽默"实在是让人不敢苟同。

有人是无心地讽刺对方,但有一种人却是真的想要通过讽刺对方来达到心理上的满足。但有时他们可能会"讽刺反被讽刺误",被对方反讽刺回来,反而让自己丢了颜面。下面这个例子就是这样:

小陈有两个喜欢挖苦别人的同事,一天,小陈从朋友处回来,在路上遇到了这两个同事。他俩很亲热地与小陈打了招呼,其中一个拍拍他的肩膀说:"喂,小陈,我们正在争论你这个人是更无赖些呢,还是更愚蠢些。"

"哦,是吗?"小陈站到他两人中间说,"我相信我正处于这两者之间,这就是答案。"

小陈的这个回答非常巧妙。他让那两位自以为是的同事,不仅没有达到讽刺别人的目的,反而将自己给绕了进去,自己把自己讽刺了,真是高明之举。

风趣自然,切忌牵强做作

林语堂在论及幽默时说道:"幽默是由一个人旷达的心性中自然而然地流露出来的,其语言中丝毫没有酸腐偏激的意味。而油腔滑调和矫揉造作,虽能令人一笑,但那只是肤浅的滑稽笑话而已。只有那些巍巍荡荡、朴实自然、合乎人情、合乎人性、机智通达的语言,虽无意幽默,但却幽默自现。"幽默是一种自然风趣的说话方式,它不是滑稽,不能和插科打诨、低俗的笑话、用荒唐夸张的动作"搞怪""搞笑"混为一谈,虽然这样的做法也能使人发笑,但这种牵强做作的刻意为之,往往不能算幽默,强硬的笑话还可能引起人们的反感。

牵强和做作是套用幽默故事的大敌，因为它不但无助于表达你的观点，还会引起听众注意力的分散，以致造成对你欲表达观点的干扰。掌握一些现成的幽默语言、逸事、故事以后，不但要做到不为所制，更要注重灵活自由地套用它来说明自己的观点，解决自己面临的困境。这时，就要有一种敢于发挥的气魄，切忌拘谨。

> 幽默口才是社交的需要，是事业的需要，一个不会说话的人，无疑是一个失败者。
> ——林肯

有一位大学教授正在讲课时发现课堂上有学生睡着了，于是他中断了讲课，即兴引用这件事说：

"现在有人睡着了，这是对我最委婉的批评。"学生们闻言顿时活跃起来。

有些学生们抿着嘴笑起来，接着这位教师把这个故事发挥了下去：

"老师讲课，学生睡觉，无非是两个原因，一个是老师讲得实在无味，这自然怪不得学生。二是学生实在太困了。这是一种生理反应，不以主观意志为转移，与其勉强睁着眼，装着听得入迷的样子，不如干脆小睡片刻，等精神振作起来再听。小睡片刻只损失了片刻的时间，而勉强熬着倒把全部时间浪费了，既没有听进去，也没有休息好。对于教师来说，学生睡觉，与其说是对他威信的一个打击，不如说是对他幽默感的一种考验。只有毫无幽默感的无能的教师才会把昏昏欲睡的学生斥责一顿。其实学生可能是冤枉的，谁能断定他是打扑克熬通宵，还是学雷锋做好事帮老乡到夜里三点才回家呢？"

教室里响起一阵哄堂大笑，大家纷纷扭头看那位酣睡的学生。这时他不但睡意全消，而且还神采飞扬地和大家一起分享教授的幽默。他不但没有对教授的讽喻产生任何抵触情绪，反而对教授更加敬爱。

这位教授的成功，不仅是灵活套用的成功，而且是大加发挥的成功。

当我们达到发挥的阶段时，就不仅是套用幽默段子，而是创造自己的独家幽默了。这时，自我调侃与讽喻对方，真话傻说与傻话傻说，将谬就谬与引人就范等幽默方法就可以交替运用了。

只有到了可以自由发挥、而且达到十分幽默的程度时，才能说你的幽默基本练习成功。你所掌握的幽默知识已成为你生命的一部分，幽默已经开始渗透到你的精神气质之中了。

灵活自然是幽默的精髓所在，一味地做作，哗众取宠，牵强附会，不但不是幽默，只能算是搞怪。甚至可能弄巧成拙，事与愿违。

看看这些幽默高手的表现：

听了肯尼迪总统的就职演说后，尼克松偶然碰到肯尼迪的一个助手——特德·索伦森。他们开始谈论肯尼迪的演说。

"要是我能说上几句该多好啊！"尼克松说。

"你指哪一部分？"索伦森好奇地问，"是不是那部分，'不要问你的国家能为你做些什么'？"

尼克松答道："不。是开头的那部分，'我愿庄严地起誓'。"

我们经常看到和听到一些政治家们的幽默言行，他们大多把幽默运用得灵活自如，真实自然。没有耸人听闻，也不哗众取宠，更不是做戏。这是因为，他们都知道太精于说妙语和笑话，对个人的形象并无帮助。

但是，有些人就不那么高明了，他们摇头摆尾、手势又多又复杂。有的人智力平平，却非要附庸风雅，企图以成串的笑料和廉价的笑声来博得听众的欢心。他们硬要把自己塞进别人的肚子里，全然不顾别人是不是有这个胃口。

芝加哥有个人，他一心想得到某俱乐部主席的位置。在一次对俱乐部成员的演说中，他表现得过了头。在不到两小时的演说过程中，他至少说了50则笑话，并配以丰富的表情和引人发笑的手势。听众们被逗得哈哈大笑。末了，在他讲完最后一则笑话时，有人大叫："再来一个！"

这位老兄也真的再来了一个，再次把人逗得疯狂大笑。但是他没有当上

俱乐部主席，他的票数排在候选人中的倒数第二。

当他闷闷不乐地走出俱乐部时，他问那位喊"再来一个"的听众："你说我比他们差吗？"

"不，一点也不差，"那人说，"你比他们有趣多了，你可以去当喜剧演员。"结果显而易见，有些人的幽默也许是真的引起了笑声，但很可能大家是在笑其形象的滑稽和为人的浅薄。

所以，运用幽默、学习幽默首先要对幽默有一个正确的认识和理解。幽默当然会引人发笑，但引人发笑的不一定全是幽默。一定要谨记这一点，自然风趣，笑料水到渠成，这才是幽默的最高境界。

第三章

攻破心理藩篱，妙语趣言拉近彼此距离

美国学者特鲁·赫伯说："要运用你的幽默力量去主动与人交往，在与人接触的最初那一刹那，幽默就已经帮你把自己的壳打碎了。"友善的幽默不只会使人发笑，重要的是带给人们心理上的一种轻松和快慰的感觉。在与人交往中，将幽默感这种神奇的力量注入自己的语言里，一定能打破与他人之间的藩篱，拉近彼此的距离，使陌生人不再陌生。

幽默一下，让陌生人成为朋友

在与人交往中，不少人对陌生者有一种抵触心理，一见到陌生人就感到浑身不自在，不好意思交谈，觉得无从谈起。他们可能局促不安，尴尬窘迫，欲言又止，这样，便会使不熟悉他的人对他产生误解，更不用说会发展成什么亲密的关系了。但有些人，在陌生人面前讲话，却能让大家听得聚精会神，赢得听众的尊重。他为什么会受到陌生人的欢迎呢？原因在于，他说话的风格幽默轻松，特别是一开口就能逗得听者开心，运用幽默的技巧，弥补大家不熟悉的缺憾。这样的人，一定能攻破对方的心理防备，拉近彼此之间的距离，让大家都成为你的朋友。

漫画家方成到山西省某酒厂参观，厂方负责人迎上去说："欢迎欢迎，久闻大名啊！"方成则笑着说："我是大闻酒名啊！"

方成将"久闻大名"几个字的顺序调换一下，并巧妙利用"久"与"酒"的谐音，说出这句幽默机智的妙语，令人叫绝。短短的一句话，既表示出自己的谦逊之意，解除了被恭维的尴尬，又得体地赞美了对方，拉近了两个陌生人之间的距离。

> 笑是两人间最短的距离。
> ——丹麦幽默大师维托·埔柱

当我们以幽默面对陌生人，把快乐传递给陌生人时，陌生人也会还我们一个微笑，这就是最绝妙的人际相处模式。所以，在日常交际中，如果我们想与陌生人成为朋友，不妨幽默一下，相信你们之间很快就会变得不再陌生了。

林肯总统在初次会见某国总统时，还没有握手就谈笑风生："啊，原来我的个子还没有你高,怎么样,当总统的滋味如何?"

那位总统有点拘束,说:"你说呢?"

"不错,像吃了火药一样,总想放炮。"

在生活中,那些有幽默感的人总能快速地与陌生人打成一片,与此同时,他们的魅力也增添了不少。幽默是什么呢?幽默就是将那些生活中令人烦恼的问题用轻松有趣的语言表达出来,它就像是人际交往中的润滑剂,能自然地消除陌生人之间的心理敌意,拉近彼此的心理距离。林肯的幽默,使两位初次会面的总统间的猜疑、戒备之心立刻消失了,以后的会见完全是在信任、坦率的气氛中进行的。这除了要归功于林肯出色的外交能力,也要归功于他幽默、亲切的语言风格。是否能与陌生人顺利地展开人际交往,往往决定了我们做事的顺利程度。幽默不失为在初次见面时,用来赢得对方好感的最佳方法。

每个人都愿意和有幽默感的人相处,而不愿和一个整天板着脸毫无趣味的人相处。如果我们想在人际交往中给人留下好的印象,那就需要运用幽默的力量去消除彼此之间的陌生感,努力让陌生人成为朋友。

罗伯特是美国著名演说家,他生平有许多朋友,其中有些是文字之交,之前从未谋面。当他们同罗伯特首次见面时,总是有些拘谨。

罗伯特60岁生日那天,许多朋友去看他,有人见他头秃得厉害,就劝他不妨戴顶帽子。罗伯特回答说:"你们不知道光头有多好,我是第一个知道下雨的人。"这句幽默的话使聚会的气氛一下子变得轻松起来。

富有幽默感的人总是让人印象深刻并受到欢迎,他能使枯燥的会议变得生动有趣;朋友间的聚会更加红火热闹;让严肃的上司松弛了板着的面孔;让拘谨的下属缓和了紧张的心情……与他相处,不管是初次见面,还是久别重逢,都让人感到轻松愉快。这样的人,怎么能不受人欢迎呢?

蔡元培70岁生日那天，在国际饭店设宴，上海各界人士专程前来为他祝寿，很多人都是第一次见到蔡元培。

于是，在致辞答谢的时候，蔡元培幽默风趣地说："诸位来为我祝寿，总不外要我多做几年事。我活到了70岁，就觉得过去69年都做错了。要我再活几年，无非要我再做几年错事喽。"

宾客一听，哄堂大笑，整个宴会充满了欢声笑语。

蔡元培的幽默使得新朋旧友都避免了拘谨和尴尬，假如摆出一丝不苟的严谨态度，一本正经地致答谢辞，相信第一次来参加蔡元培寿宴的人就不会这样轻松愉悦了。

很多人之所以招人喜欢，让人愿意与其交往。不仅因为他是个极有才华的人，更主要的原因是由于他的幽默能够活跃气氛，给人留下深刻的印象和美好的回忆，使得彼此之间第一次交往变成朋友之间友好的聚会。

学着适当地掌握一些幽默的技巧吧，给生活增添一道幽默和诙谐的色彩。如果能够在初次见面时，就用你的巧语妙言逗得对方开怀一笑。那么，之后的人际交往将会更加愉快。

巧用幽默，消除彼此之间的距离感

幽默是一种灵活机智的交流态度，是一种洒脱豁达的处世风格，也是应用的一门复杂艺术。与人交流的时候，多用一些幽默的语言，不仅可以消除人与人之间的距离感，还能达到人我交融的美好境界。许多政治家、教育家、艺术家、谈判家都知道，如果把幽默感的神奇力量注入语言之中，就可以使自己更容易使人亲近，更富有人情味。

克林顿的萨克斯管吹得好，但一直没有展示的机会。

一次，克林顿在有线新闻网（CNN）发表竞选演说时说："有人问我除了会吹牛之外，还会干什么。"克林顿拿出藏在身后的萨克斯管，"今天我就来回答这个问题，我还会吹这个。"

随后，克林顿拿出了看家本领，一口气吹了好几首名曲。他的幽默话语和才艺展示帮助他拉近了与选民的距离，赢得了选民的好感。

幽默能够迅速消除人与人之间的陌生感，并为幽默者增添魅力。幽默也能拉近人与人之间的感情距离，因为一起笑的人表明他们之间已经有了共同的兴趣、爱好，这是社交成功的第一步，也是很重要的一步。

汪伦是李白的忠实"粉丝"，他想邀请李白来自己家里作客，于是给李白写了一封信。信中写道："先生好游乎？此地有十里桃花。先生好饮乎？此地有万家酒家。"

李白接到信后，一看又有美景，又有美酒，甚是高兴，于是欣然前往。见面之后，李白迫不及待地问道："不知汪兄信中所说的十里桃花和万家酒家所在何处？"

汪伦慨然答道："离此十里之外，有个桃花潭，此乃'十里桃花'。在桃花潭旁边有个酒家，店主姓万，故称'万家酒家'。"

李白被汪伦的巧辩逗得大笑，觉得十分有趣，就在那里住了下来。离去之时，两人已成知己。李白感激汪伦的盛情，写下了脍炙人口的《赠汪伦》一诗。

巧妙地运用幽默，可以使交流变得更加融洽，让人心情放松，产生心灵上的共鸣。用幽默的方式和态度对待他人，能填平双方之间的鸿沟，让彼此之间走得更近，也更容易得到一种共识与默契。

有一位年轻人新近当上了董事长。上任第一天，他召集公司职员开会。他自我介绍说："我是罗伯特，是你们的董事长。"然后打趣道："我生来就是个领导人物，因为我是公司前董事长的儿子。"参加会议的人都笑了，他自己也笑了起来。

每一个有领导经验的人都知道，要想与身边的下属关系更和谐，就有必要将自己的形象人性化，使自己更有人情味，而幽默则是做到这一点的最好方法。罗伯特以幽默来证明自己能以公正的态度来看待自己的地位，并为之具有充满人情味的理解。实际上他委婉地表示了：正因为如此，我更要跟你们一起好好地干，让你们改变对我的看法。

人与人之间的交往，贵在心灵上的沟通，所以才会有了"俞伯牙摔琴谢知音"的故事。而幽默就是让彼此产生心灵共鸣的好方法，因为幽默的语言富于风趣，给人以亲切友善之感，因而容易被人接受。

有一家坐落在四季宜人的风景名胜区内的旅社，叫做"泰远旅社"，一位保险行销人员前往这家旅社，向老板销售保险，如同一般被推销人员的反应一样，那位老板对保险行销人员说："这件事情让我再考虑几天，因为我还需要和我的太太商量一下。"

保险行销人员在听完他的推托之词后，这样对他说："来到贵店'太远'，如是'太近'的话，多来几次也无妨。但是偏偏我却是身居在那遥远的台北……"这位行销人员巧妙运用了"泰远"和"太远"的协音，引得那位老板忍俊不禁，笑个不停，结果在那一天中就谈成了这笔生意。

在日常生活中，与不熟悉的人尤其是陌生人之间的接触，总会有一定的距离使双方感到有隔阂，此时，如果适当地运用幽默，在与对方交谈时开个无伤大雅的玩笑，那么便能使彼此神经放松，消除彼此之间的疏离感和陌生感，使得彼此间的关系亲密起来。

幽默寒暄，拉近心理距离

人都生活在社会之中，任何时候都面临着同别人"交际"的课题。寒暄是人们日常交流中的一个重要方面。因为经常见面的熟人，不可能总有很多话要谈,也没有多余的时间一见面就站在路边没完没了地聊;而一旦碰见了熟人,如果因为嫌麻烦而不打招呼也过于不近人情,更会给别人留下狂妄自大,目中无人的不好印象。

但是平常的寒暄可能显得太呆板,为增添生活乐趣,维护良好的人际关系,可以在寒暄的时候打破常规,注入幽默元素。下面是一个典型的有关寒暄幽默的故事:

连续下了几天的大雨,某公司同事们见了面,一个人说:"这天怎么老是下雨呀?"一位老实的同事按常规作答:"是呀,已经6天了。"一位喜欢加班的同事说:"嘿,龙王爷也想多捞点奖金,竟然连日加班。"另一位关注市政的同事说:"天上的玉皇大帝忘了修房,所以老是漏水。"还有一位喜爱文学的同事更加幽默:"嘘!小声点,千万别打扰了玉皇大帝读长篇小说。"

很多有幽默感的老年人很喜欢晚辈和他们开一些善意的玩笑。所以,当你刚出门就遇见老年邻居时,你就可以幽默地和他们寒暄一番,这样很容易就能和他们搞好关系,一般情况下,他们还会逢人就夸你会说话。

一个大热天,小王赶早趁天气凉爽去公司上班。她刚出家门,就看见邻居刘大妈在树荫下练腰腿。她走过去神秘地对刘大妈说:"大妈,这么早练功,不穿棉袄,小心着凉啊。"一下子逗得刘大妈哈哈大笑,笑着说:"你这个鬼丫头!再不走你上班可要迟到了,现在都9点多了。"小王一听赶紧看看表,才7点半。看到刘大妈在那里得意地笑才知道自己上当了。以后,每次刘大妈见到小王都非常主动地和她打招呼,逢人就夸小王聪明伶俐,还张罗着给她介绍对象呢。

很多时候,新近发生的大事件会成为人们寒暄中的话题。因为,大事件是大家都关注的,人们可以从中找到共同语言,可以避免在寒暄中话不投机而导致尴尬。下面就是一个利用大事件在寒暄中制造幽默的例子。

前些年因为厄尔尼诺现象的影响，中国也受到了很大的影响，气候反常，快到夏天的时候，中国南方的人们还穿着毛衣。很多熟人见面后的第一句话就是："气候太反常了，都过了农历四月了，天还这么冷。"可是，有一个幽默的汽车司机就不那么说，他见到同事李师傅的时候说："李师傅，这不又快立秋了，毛衣又穿上了。"他见到邻居张大爷的时候也会故意幽默地问："张大爷，您老也没有经历过这么长的冬天吧？到这时候了还这么冷。"恰好张大爷也是一个幽默的人，他笑着答道："是啊，大概老天爷最近心情不太好，老是板着一副冷面孔。"

> 幽默是人际关系中必备的一个因素，适时适地的幽默可以帮助人们拉近彼此之间的距离，让你更受别人的欢迎，使你的人际关系更加优化。

现在人们的生活水平提高了，人们都喜欢以"夸别人富有"作为寒暄的话题，尤其在农村，这种看似俗气的寒暄更是常常发生。其实，在寒暄中逗乐似的夸别人富有，也会收到很好的幽默效果。

李大娘午饭后恰好遇到大刚，大刚寒暄道："大娘，您吃过午饭了吧？"李大娘回答说："嗬，还没吃呢。你中午吃什么好东西，也不请大娘我去吃，瞧，现在还满嘴都是油呢！"

李大娘幽默地夸赞大刚的生活过得好，她对大刚的假责怪显得亲切、热情，很自然地就拉近了与大刚的关系，也成功塑造了自己平易近人、和蔼可亲的长辈形象。

总之，不要小看幽默的寒暄，它能够使你在不知不觉中将欢笑带给别人，拉近自己与他人的心理距离。

适当自嘲，赢得别人欢迎

在人际交往中，适当地开个玩笑，说句幽默的话，不仅可以松弛紧张的情绪，活跃气氛，还能够拉近和他人之间的距离，增加和他人之间的感情。

尤其在与陌生人相会的最初时刻，双方存在一定的隔阂，无话找话是很难拉近双方的距离的，选择自嘲的方式来活跃气氛，就能与对方更快地进入友好交谈的氛围中。

拿自己的弱点来自嘲，并不是对自我人格的贬低，而是一种幽默，这在一定程度上体现了自己与他人交流的真诚，能更快地拉近自己与他人的距离，引起相互间深入交流的强烈兴趣。

凌峰是台湾著名的喜剧演员，长相很有特色。他在一个晚会上的开场白，就先来个了自我调侃，说自己是把"五千年的沧桑写在脸上"了。

嘲笑自己的长相，无伤大雅，却带来了幽默的笑声，受到了大家的欢迎。幽默感很强的人都把握了这一幽默要诀，他们不仅会轻描淡写地嘲笑自己的弱点，同时还会把自己的优点也拿来自嘲，以展示自己的谦虚，博得大家的欢笑。

著名作家班奇在谈起自己时，曾以自嘲的语气说："我写了十五年了，直到今天才发现，原来自己并没有写作的天才。不过已经太晚了，我已经不能放弃写作了。因为现在我太有名了。"

自嘲所展示出来的是一种高雅的情趣，表现了自己的高度自信，创造了一种轻松愉快的气氛，消除了与别人心理上的隔阂，使谈话得以在轻松友好的气氛中进行下去。

著名国画大师张大千与梅兰芳在一次宴会上相遇，张大千向梅兰芳恭恭敬敬地敬了一杯酒,说:"梅先生,你是君子,我是小人,今天我向你敬一杯。"

梅兰芳一下子愣住了,张大千忙解释说:"君子动口不动手,是你;小人动手不动口,是我。"

满座宾客一听,都大笑起来。

原来张大千是根据各自职业的特点来说的:张大千画画,自然是动手的,而梅兰芳唱戏,自然是动口的,再联系到"君子动口不动手"的俗语,"君子"与"小人"的帽子便分别扣到两人头上了。

> 让我们努力生活,多给别人一点欢乐。这样我们死的时候,连殡仪馆的人都会感到惋惜。
> ——马克·吐温

适当地自嘲,不仅不会显得自己愚蠢,相反却正是自己聪明才智的集中体现。因此在与别人交流的过程中,恰如其分地自嘲,正是自己能赢得别人欢迎的一个重要原因。

幽默认错,获得他人的同情和谅解

心理学中有一条规律:我们对别人表现出来什么样的态度和行为,对方往往会以同样方式回应。西方有句谚语说得好:"把对方想象成天使,就不会遇到魔鬼。"当我们因做错事情而损害他人的利益时,更应该以知错就改的幽默态度来和对方交流,从而化解对方的敌意,以争取对方的谅解。

在双方交谈刚开始,尚未开宗明义之前,来一个巧妙的逗乐幽默,使对方处于欢乐激情之中,达成情绪上的"晕轮",就像刘姥姥一进大观园那样,首先给被求方以轻松感,然后再侧面谈及农家之苦,把被求方的骄傲情绪和同情心调动起来,他们自然乐于施舍于她了。利用自我解嘲幽默,可生动地暗示自己的处境,唤起被求方的同情。

有一个人向他的朋友抱怨:"我越来越老了。"

当然，朋友告诉他，他看起来仍和从前一样年轻。

"不，我不年轻了。"他坚持说，"过去总有人问我：'为什么你还不结婚？'而现在他们问：'你当年怎么会不结婚的呢？'"

朋友在被他的幽默逗笑的同时，也不免会为他年华逝去，却还没有成家而同情他。要获得他人的同情，我们要首先脱掉虚伪的外衣，真诚地表露自己的错误，移去障碍和欺骗。有时候，在大庭广众之下，我们会犯一些小错误，闹一些小笑话，这时候，就可以用幽默帮助我们表达真诚，来解除大家的嘲弄。

雷莉·布丝是美国20世纪50年代的著名女演员。在一次重大的颁奖活动中，她急步登台，没想到在台阶上绊了一下，险些跌倒在地，全场观众都吃了一惊，有些人甚至笑了起来。只见她不慌不忙地稳住了身体，站在舞台中央，平静地说：

"女士们，先生们，你们刚才看到了，我是经历了什么样的坎坷才站到今天这个舞台上的。"

全场顿时掌声如潮。

这就是令人赞叹的机智和幽默。这位女演员要讲的内容，可能事先排练过数十遍，轻车熟路，而最后的这句台词却是从来没有想过的。这就是临场发挥幽默的困难之处，也是它的精彩之处。

有时候，做错了事情又被别人撞上，往往会出现尴尬的局面，面对这种种无奈，我们只有采用幽默的方式来争取他人的原谅，用幽默营造一种"山重水复疑无路，柳暗花明又一村"的效果。

守林人在林中抓到了一个狩猎者。"你在干什么？"守林人声色俱厉地问道，"这里是严禁狩猎的，你难道不知道吗？"

"这我知道，"狩猎者索然无辜地耸耸肩，"可我实在是因为遇到了一

件不幸的事,想来这里自杀的。只是因为开枪时手抖得很厉害,不知怎么,子弹竟误落到了野鸭身上。"守林人听后,便没再说什么。

狩猎者在偷偷狩猎的时候,恰好被守林人撞见。狩猎者明白自己做的事情不对,为争取守林人的谅解,他采用了温和、幽默的方式,从而消退了守林人心中的敌意。

第四章

打破紧张沉闷，幽默营造轻松氛围

一位名人曾经说过："幽默，可以说是能给人以微妙感的调剂生活的佐料。由于某种轻巧的幽默，就可以使当时的气氛为之改善，使陷于僵局的悬案豁然解决。"在日常生活中，无论何种场合，我们并不能完全把握沟通的方向，常常会陷入紧张、沉闷的境地。此时，如果能适时开个玩笑，往往能使人们紧张的情绪和内心的重压释放出来，使紧张严肃的情境乃至僵局变得轻松、活泼。

幽默活跃气氛，缓和紧张情绪

美国的一位心理学家说过："幽默是一种最有趣、最有感染力、最具有普遍意义的传递艺术。"

幽默在沟通中的作用是不可低估的。首先，幽默能使人感到轻松愉快，而这又是提高人的大脑及整个神经系统的扩张力和充分发挥潜力的必要条件。适当地制造幽默，可以活跃紧张的气氛，使人们放松紧绷的心情。

风趣的语言通常会营造出一种轻松愉快的氛围，同时还可以帮助我们驱除沟通中的疲劳感。当我们精神高度紧张的时候，就会感到精神疲惫，又比如在一些比较庄重、严肃的场合，或者等待某一些重大结果的时候，人们往往是疲惫的，我们就可以通过幽默的语言，进行适当宣泄，这样不但可以营造轻松的氛围，而且还可以让我们疲惫的神经获得短暂的休息。

> 幽默，本身就是一种精神上的保健药，它能够缓解人们的焦虑，还给人们一副精神顺爽的快乐姿态。

第二次世界大战胜利前夕的一次进攻战役期间，美军将领艾森豪威尔感到十分的紧张和疲惫，因此，他来到莱茵河畔散步，以放松紧张的身心。这时有一个神情沮丧的小士兵迎面走来，他见到艾森豪威尔大将军，一时紧张得不知所措。可是，艾森豪威尔却面带微笑地说："你感觉怎么样，孩子？"士兵直言相告："将军，我特别紧张。""哦，"艾森豪威尔说，"那我们可是一对了，我也同样如此。"只是这样一句话，那位小士兵听了感到十分好笑，两人相视而笑，那位小士兵也不觉得气氛很严肃了。

这就是幽默的力量，艾森豪威尔的一句话，既缓和了小士兵内心的紧张情绪，同时有效地表达了自己此时的真实心情，从而使两个人的精神都放松下来，并且十分自然轻松地沟通起来。

上篇
懂得心理学，提升幽默的情致与潇洒

风趣诙谐的语言可以起到很好的营造气氛的作用，在紧张严肃的场合中，感觉空气都要凝固了，这时说几句风趣的语言是十分有必要且很重要的。

一次促销活动中出了一点小差错，老板气急败坏地大叫道："如果这次促销失败了，我要把你们一个个扔进海里喂鲨鱼……"

小赵听了，站起来转身就走，老板更加生气了，大声问道："你要去哪里？"

原本是要去洗手间的小赵马上改口道："到大海里学游泳！"

众人大笑，紧张的气氛马上缓和下来，老板笑着说："你真的以为我会把你们扔进海里吗？"

幽默能引起人们的纵情大笑，消除内心之中的紧张感。遇到在紧张的气氛中进行交际时，适时适地地运用幽默不仅能化解紧张的情绪和气氛，还能拉近彼此间的距离。

幽默解说，诙谐妙语破解僵局

在日常生活中，我们与人沟通时，常常会出现沟通难题，比如僵局。人们常常因固执己见而争论不休，因为一句不适当的话而冷场，或者因为突发状况而形成难堪局面等，各种原因都会使场面变得僵持，难以缓和的气氛横亘在交流双方之间，整个场面就如同冰山一般。这时候，作为当事人或者局外人，需要适时地说几句话来破解僵局，让大家都松口气，使交流得以正常顺利地进行下去。

一个年轻人给女友过生日，热热闹闹的生日宴会进行到高潮时，一位毛手毛脚的同事喝多了，无意中撞到了桌子，几个杯子应声落在地板上摔碎了。

大家面面相觑，觉得很不好，一时间气氛紧张起来。令大家没想到的是，年轻人不慌不忙地拥抱了女友，然后说："亲爱的，这是祝福你落地生花，岁岁（碎碎）平安呢！"

第四章 打破紧张沉闷，幽默营造轻松氛围

女友瞬间心花怒放，激动地给了他一个吻，宴会也恢复了欢歌笑语。

热闹的生日宴会上，杯子摔坏了，年轻人幽默地说上一句与"岁岁平安"同音的一声"碎碎平安"，用幽默瞬间打破了僵局，让在场的人尤其是过生日的女友感到一丝心理安慰，使宴会又恢复了热闹的气氛。

其实，生活中难免发生一些猝不及防的事情，这会让当事人遭遇尴尬或不快，甚至引发不必要的麻烦，轻则令人恼心，重则在心里结下疙瘩。这时，如果利用突发事件与语言之间的玄妙之处做出机智的解答，就会使当事人转忧为喜，紧张气氛也会得以缓解。其实，有时候只需要两三句幽默语言就可以破解僵局，从而为大家营造愉快的气氛。

有一次，李雯和几个同事一起参加省里的业务考试，当她们走进考场时，只见张娜的考桌上钉有三枚大钉子，并且还凸出不少。可想而知，这不仅会刮破衣服，同时也会影响答题的速度。张娜顿时感到很不快，她要求监考老师换桌子，可监考老师说："现在不能换，别违反考场纪律！"张娜气得柳眉倒竖，连说："真倒霉，碰到这样的事，这个试我不考了。"李雯见了连忙说："有几枚钉子算什么！"张娜说："你说得轻松，这可是三枚大钉子，躲都躲不过去呢！"李雯笑了笑，说："你太幸运了，我还求之不得呢！"张娜说："你别拿我开心了，这么倒霉的事要让你碰上，你还能说幸运？"李雯说："你知道这三枚钉子说明了什么吗？这叫板上钉钉！说明你今天的三科考试铁定都能考过。"张娜听后马上转怒为喜，说："借你吉言，我要是三科都考过了就请你吃饭。"结果，一个月后发布成绩，张娜果然三科都顺利过关。

本来桌子上有三枚凸出的大钉子是令人生气的，更何况还要在这样的桌子上答题？李雯为了打破僵局，在张娜气恼成怒的时候，将在钉有钉子的桌子上考试与"板上钉钉"的俗语联系了起来，"三科考试铁定都能过关"的吉言正好说到了张娜的心里。于是，僵局被打破了，张娜借李雯的幽默放松了心情，从而顺利参加了考试，并获得了好成绩。

在交际场合，过于严肃和紧张的气氛往往不被人们所接受，这时候就需要用幽默的语言把它变得灵活有趣些。有时候，一个敏感的问题就使整个场面变僵，甚至妨碍了交际的正常进行，这时候就可以通过幽默的解说将问题诙谐化，打破僵局，使交际得以顺利进行。

适当玩笑，使沉闷的气氛活跃起来

无论在任何交际场合，人们都喜欢轻松的气氛，而讨厌沉闷的氛围。无论是新朋友还是老熟人，见面却找不到共同话题，都会使气氛沉闷。在沉闷的氛围里，人的心理就容易紧张，这时做什么事都会觉得不自在，这样是不利于沟通和问题的解决的。所以打破沉闷的气氛无疑将会推动情感的交流及问题的解决。用一个适当的幽默玩笑来调节一下氛围，对摆脱沉闷、促进交流无疑是不错的选择。

很热衷于玩牌的老孙已经很长时间没到小区活动室玩牌了。这天，老孙刚一进门，牌友老赵就问："哎，老孙头，怎么这几天都没看见你啊？忙什么呢？"

老孙看着众人，故作一脸愁容地说："嗨！别提了，我啊，被'双规'了！"

在座的人听了都吓了一跳，老赵忙问："啊？怎么回事儿？你犯什么错误了？"

老孙看着大家惊讶的表情，哈哈大笑起来，说道："我儿子、儿媳妇给我指派任务啦，宣布我必须在规定时间、规定地点接送上幼儿园的小孙子。"

众人一听，恍然大悟，随即大笑起来。整个活动室的气氛一下子变得轻松融洽，老孙的幽默诙谐更是深入人心。

幽默是非常可贵的，它是社会活动的必备礼品，是活跃社交场合气氛的最佳"调料"。在遇到交际气氛沉闷的时候，不妨说上一段荒谬的故事。荒谬的故事也能因其趣味性而增进个人的幽默感，从而活跃交际的气氛。比如，你可以讲这样一个故事：

有一个盲人，虽看不见东西，但却能用鼻子闻出文章的气味。有个秀才听说了，就拿了一本《三国志》让盲人闻。盲人说："这是《三国志》。"秀才问："你是怎么知道的？"盲人回答："我闻着有些刀兵气。"秀才又拿出一本《西厢记》让盲人闻，盲人说："这是一本《西厢记》。"秀才又问："你是怎么知道的？"盲人回答："我闻着有些脂粉气。"秀才觉得很奇怪，就把自己的文章让盲人闻，盲人说："这是你自己的大作。"秀才佩服地说："你是怎么知道的？"盲人说："我闻着有些臭气。"

> 一个真有幽默的人别有会心，欣然独笑，冷然微笑，替沉闷的人生透一口气。
> ——钱钟书

在气氛非常紧张和严肃的场合时，一个小笑话、一句恰到好处的幽默可以松弛紧张沉闷的气氛，好比打开了一道闸门，压力就此倾泻而出，换来的是融洽的气氛。

李铭是一名大四学生，学习成绩非常好，在刚刚结束的省数学建模大赛中获得了一等奖。大家约好去组织一个聚会庆祝一下。

可不幸的是，还没顾得上高兴的李铭却被女友甩了。

庆功宴会，本应该快快乐乐的，可却因主人公的低落情绪，使得整个气氛变得压抑起来，一时也没有人能缓解这样的悲伤氛围。这时，李铭的好朋友张辉从兜里掏出两张彩票对大家说："我这里有两张彩票，马上就到开奖的时间了，谁愿意与我分享这五百万的大奖？"还没等大家说话，张辉就把其中一张彩票递给了李铭，并说："中了大家分，不中算我的。"

这时电视机里正在播放开奖结果，大家都把注意力集中到了电视开奖上。电视上每公布一个号码，大家就看李铭手中的彩票一眼，直到最后一位号码公布完了，李铭失望地说："我没有中。"但是张辉却双目圆睁，紧紧盯着自己手中的彩票，一副不敢相信的表情，大家又都把目光聚集到了张辉身上。这时张辉突然大喊："中了，中了，我中了！"大家立刻兴奋起来，李铭也来了精神，并不停地问张辉："真的吗，是真的吗？"张辉上蹿下跳地在屋里乱跑了一阵后，很快平静地说："我也没中。"大家拿过彩票一看，果然没中，是张辉在蒙人，于是大家都不约而同地发出"切"的鄙视声。但是，大家转而都回到了兴奋的状态，李铭也没有那么萎靡了，于是庆功聚会在一片欢笑声中顺利进行。

张辉用"假中奖"调动了大家的兴致，对调节气氛起到了至关重要的作用。张辉的幽默虽然夸张了点，但是很实用，算得上是个掌控气氛的高手。试想，如果不是张辉恰当地幽默一下，庆功聚会难免不欢而散。

幽默是自然的，也是最实用和朴实的，它总在无形中带给人们轻松愉快。良好的氛围离不开人们主动的调节，必要的时候运用一些幽默诙谐的语言，调节一下紧张沉闷的空气，放松一下沉闷压抑的心弦，营造轻松愉快的气氛，沟通也就能轻松愉快地进行。

在闲暇交谈中融入幽默成分

闲暇交谈，是指完全为了消遣、娱乐所进行的交谈。交流的双方或多方能在轻松交谈中密切相互之间的关系，因其谈话氛围比较轻松，谈话过程中最适合也最容易融入幽默成分。闲暇交谈中可以充分利用重复、夸张、错置等各种幽默手段，尽显个人幽默风采。只是在和长辈、异性进行闲暇交谈时，要注意礼节和分寸，不要损及对方的尊严。

科学家、政治家等往往会给人一种理性刻板的印象，不过实际上，他们也往往是和蔼可亲的，在他们的言谈中，闲暇交谈的幽默俯拾即是。

著名科学家爱因斯坦风趣幽默。一次，由他证婚的一对年轻夫妇带着小儿子来看他。孩子刚看了爱因斯坦一眼就号啕大哭起来，弄得这对夫妇很尴

尬。幽默的爱因斯坦却摸着孩子的头高兴地说:"你是第一个肯当面说出你对我的印象的人。"

在晚辈来做客的轻松气氛下,爱因斯坦幽默的言谈并没有损及他自己的面子,反而活跃了气氛,使来看望他的这对夫妇能在一种轻松自然的气氛中和他交流,融洽了主客双方的关系。

一般情况下,在两个十分要好的朋友之间的闲暇交谈,运用语言善意地捉弄对方的方式较为司空见惯。下面是一段朋友间的幽默对话。

一个男人对一个刚刚相遇的朋友说:"我结婚了。"
"那我得祝贺你。"朋友说。
"可是又离婚了。"
"那我更要祝贺你了,看来,我还要再为你准备红包了。"

朋友间往往无话不谈,因此能够产生幽默的话题也很多。如朋友普通话不好,把"峨眉山"读作"峨毛山",你就可反复"峨毛山"。夸大朋友的错话也极幽默,朋友错把黄鹤楼说成在湖南,你可说:"不,在越南!"朋友之间的闲暇交谈,有时候会用说大话的方式进行,这种方式也能产生很好的幽默效果。

一天晚上,小明和弟弟没事干,便吹起了牛。
小明说:"我发现我现在有恐高症,都不敢低头看自己的脚!我也真是太高了。"
弟弟说:"那算啥!今天我在外面坐着看书,突然有一架飞机从我耳边飞过,我一看,原来是一架波音777。"

幽默的闲暇交谈,能营造出更加轻松随和的谈话气氛,促进交谈者推心置腹地交流。

第五章

开心一笑化尴尬，幽默笑语解窘境

幽默大师林语堂说："幽默，是一种应付人生的方法。"在与他人相处的过程中，难免会遇到一些尴尬的事情，让气氛骤然窘迫、难堪，这时如果用几句幽默的话来救场解围，既能让自己或他人摆脱窘境，让事情得到顺利发展，又可以拉近彼此之间的距离，让人际关系更加融洽。

将错就错,幽默摆脱失言窘境

失言,是容易被人谅解的,因为有很多是出于无意的。正所谓"马有失蹄,人有失言。"在日常交谈中,难免说错话,出现了纰漏而使自己陷入窘境。

有一个人在一次会议上和一位要人谈话,为了想使谈话活泼轻松,于是很随意地说道:"看那一位穿圆点花衣服的女人,看到她我就反胃!"

没想到对方这样说:"那是我的太太。"

可想而知,当时那个人听到这话时的处境是多么无地自容。

这也难怪,这样的窘境总是特别地难以补救,但并不是所有的困境都是这样。

果戈理有一句话:"理智是最高的才能,但是如果不克制感情,它就不可能获胜。"如果说,我们在遇到尴尬的局面时都是心慌意乱,不能控制自己的感情的话,在这种特殊的场合下自然会穷于应付。这时,我们不妨来个将错就错。清代著名学者纪晓岚是一个学问很大又富于幽默感的人。他的幽默以机智见长。

清代大学士纪晓岚,体态肥胖,特别怕热,每逢夏天,他常常汗流浃背,苦不堪言。因此,他和同僚们在朝廷值班时,常找个地方脱了衣服纳凉。乾隆皇帝知道后,成心想戏弄他们一番。

这天,几个大臣正光着膀子聊天,乾隆突然从远处走来,大伙儿急急忙忙找衣服往身上披。可纪晓岚眼睛近视,等看到皇上,已经来不及穿衣服了,他只好钻到桌案底下,趴在地上,不敢动弹,连大气都不敢出。

乾隆早已看到纪晓岚钻在桌案底下,就唠起闲话,故意不走。纪晓岚虽然在桌子底下很难受,但没有穿上衣,也不敢出来见皇上。乾隆于是想出个办法：君臣都不说话，让纪晓岚以为皇上走了，这样他就会出来，大家便可以看到他的狼狈相了。

纪晓岚钻在桌子底下，地方狭窄，加上天气炎热，早已被憋闷得汗流不止了。他半天听不见动静，以为皇帝走了，就悄悄地问道："老头子走了没有？"

这一下乾隆和各位大臣都笑了。乾隆于是装作很恼怒的样子，大声呵斥道："大胆纪昀，竟敢如此无礼，说出这样轻薄的话。什么是'老头子'，你一定要给我解释清楚，有话讲则可以，没有话讲可就要治你杀头之罪了！"

纪晓岚只好从桌子下爬了出来，说："臣还没有穿衣服，怎么好回圣上的话呢？请皇上赐臣衣服穿！"

乾隆让太监给纪晓岚拿衣服穿，并说："亏你还知道跟朕说话要穿衣服。这样吧，别的朕就不追究了。你就说说这'老头子'是怎么回事？"

趁穿衣服的时候，纪晓岚已经想好了词儿。他十分恭敬地对皇上说："皇上称'万岁''万万岁'，臣等都期望圣上能'万寿无疆'，这能活到万岁的人定然是很'老'了；皇上身为一国之君，是一国的首脑，这'首脑'至高无上，当然就是'头'了；皇上贵为天子，天子者，以天为父，以地为母，对于天地来讲，皇上自然就是'子'了。如此，将三字连在一起，不就成了'老头子'了吗？皇上，臣说的难道有错吗？"乾隆听了这话，哈哈一笑，纪晓岚也松了一口气。

本来纪晓岚用"老头子"来称呼皇帝是大为不敬的，可是经他这样机智地巧辩一番，变成了十分尊崇的意思。乾隆皇帝未尝不知他这是一种即兴胡诌，但却放过了他，显然是欣赏他的机智以及处变不惊的幽默趣味。所以，这一次纪晓岚全因机智性的幽默而免于杀身之祸，一场尴尬也在轻松幽默中消失。

一次智力竞赛抢答，主持人问："三纲五常的'三纲'，指的是什么？"一名女学生抢答道："臣为君纲，子为父纲，妻为夫纲。"

她的回答正好把三者的关系颠倒了，引起哄堂大笑。女学生灵机一动，立即补充道:"笑什么?我说的是新'三纲'。"

主持人疑惑地问道:"怎样解释?"

女学生不慌不忙地说:"现在,我国人民当家做主,是主人。而领导者,不管官有多大,都是人民公仆,岂不是臣为君纲吗?当前,国家实行计划生育,一对夫妻只生一个孩子,这孩子成了父母的小皇帝,岂不是子为父纲吗?许多家庭中,妻子的权力远远超过丈夫,'妻管严''模范丈夫'到处流行,岂不是妻为夫纲吗?"

好一个新"三纲"!话音未落,同学们都为这位女同学幽默机智的应变能力而鼓掌喝彩。

> 一般掌握幽默力量的人,都有一种超群拔众的人格,能自在地感受到自己的力量,独自应付任何困苦的窘境。
> ——苏格兰小说家罗伯特·斯蒂文森

上述这位女学生在抢答时,把"三纲"三个句子内部的主次关系弄颠倒了,场面很是尴尬。但她思维敏捷,灵机一动,根据新的历史时期人们社会关系的变化,临时对"三纲"作了一个全新的、却又符合逻辑的解释。这充分显示了这位女学生机敏的论辩口才,其将错就错,化解尴尬的幽默策略也成功令她在竞赛中脱颖而出,赢得了在场观众的认可。

不卑不亢,让对方无懈可击

幽默是摆脱尴尬窘境的妙方。生活常给我们出些难题,学会了幽默,可以巧妙地为自己和他人化解难堪,为生活增添更多的笑声,让人际关系更加融洽,又可以充分地展示我们的人格魅力。

相声大师侯宝林到美国去访问,美国记者自然不会放过他,提出了一个很刁钻的问题来刁难侯宝林:"里根是演员,当了美国总统,你也是演员,你在中国也可以像里根这样吗?"

这个问题可不好回答，既不能答"可以"，也不能答"不可以"。侯宝林稍一思索，回答道："我和里根不一样，他是二流演员。"

侯宝林的回答妙不可言，既回避了做简单的"是"与"否"的回答，又充分肯定了自己的演艺才能，含而不露，令对方无懈可击。

林肯的长相很普通，有一次在一个公开场合，有人对林肯说："你长成这个样子，还出来干什么？不如躲在家里别出来。"

这话自然是很不礼貌的，但林肯只是淡淡一笑，回答道："很抱歉，我这是身不由己。"

"身不由己"是就他的长相来说的，天生如此，他也没有办法。大家听了，都笑了起来，难堪的局面得以顺利化解。

在各种不同的社交场合，迅速摆脱自己所处的不利处境，活跃气氛，赢得尊重，都是离不了幽默的独特作用的。由于社交中突如其来的事件很多，许多难以预料的情况都会发生，因此要想使自己在社交中游刃有余，就必须要有过人的智慧和极其敏锐的反应能力。

有一天，一位社会地位显赫、狂妄自大的太太向萧伯纳发出了请帖，想邀请萧伯纳到家中做客。

请帖是这样写的："星期四下午四点到六点，我将在家。"

萧伯纳对她一向是敬而远之的，绝对不会前去拜访她，于是他在请帖底下添上了简短的一行字："我也一样。萧伯纳。"然后就派人将请帖给那位太太送了回去。

不明着拒绝对方的邀请，而是声明自己也将像对方一样待在家里，拒绝赴约的意思一目了然。这样的幽默显示了萧伯纳在社交上的智慧。

在社交场合，由于自己言行不慎，会使自己处于比较难堪的境地。如果遇到了缺乏教养、不怀好意甚至是对我们有敌意的人，也会致使我们陷入比较难堪的困境。在这种情况下，如果我们抽身而退，固然可以逃离困境，但当了逃兵，总是不光彩的，也会给自己日后的社会交往带来消极的影响。有经验的人告诉我们，遇到这种情况，只有自己才能救自己，用自己的智慧来展示自己的幽默，三言两语就能使自己摆脱困境，在维护自己的尊严，给对方以有力回击的同时，也把自己的人格魅力充分展现了出来。

类似这样的难堪局面总是突如其来，让人无法提前加以防范。但幽默感强的人却往往能轻松过关，给我们留下许多逸闻，使我们津津乐道。

某次国际会议上，一名美国官员看到周总理使用的是派克牌钢笔，便不怀好意地说："周先生，您作为中国人民的优秀儿子，为什么还使用我们美国生产的钢笔呢？"

周总理笑着回答道："这是抗美援朝时期我国一位将军从美军那里缴获的战利品，我认为很有纪念意义，所以就一直带在身边。"

周总理以幽默的话语含蓄地回击了对方的挑衅，也让对方能有自知之明地让刁难就此打住。政治人物的幽默在表意之余有一定的警示作用，周总理是出色的外交家，见惯了外交场合上的风云变幻，他在面对外国记者的蓄意刁难时，总能从容不迫地阐明自己的观点，让对方自食其果。

俗话说，"要在游泳中学会游泳"，我们也只有在社交中才能学会社交，在尴尬中才能学会应对尴尬，在幽默中才能学会幽默。大胆地去实践吧，不经过实践的检验，我们就无法把自己的幽默运用得更纯熟，就无法通过社交为自己拓宽生活的道路。

机智应变，假装糊涂迷惑对方

莎士比亚在其著作《第十二夜》中，让主人公薇奥拉说出了这样一句话："因为他很聪明，才能装出糊涂人来。彻底成为糊涂人，要有足够的智慧。"

智慧有时就隐藏在假装糊涂的幽默中。在一些特殊场合，我们常常会碰到一些意想不到的事情，处理不好着实使人尴尬。遇到这类情况时，想要化解难堪，不妨假装糊涂，幽默应变。下面是俄国诗人普希金的一个"糊涂"故事：

普希金年轻的时候经常参加贵族们在家里举办的沙龙，不过，那时候的他还不是很有名气。有一次，在彼得堡一个公爵家里举办的舞会上，他邀请一位年轻而漂亮的贵族小姐跳舞。这位小姐十分傲慢地说："我不喜欢和小孩子一起跳舞。"普希金微笑着说："对不起，亲爱的小姐，我不知道你现在怀着孩子。"说完，很有礼貌地鞠了一躬。

普希金用假装糊涂的办法巧妙地回击了无礼的贵族小姐，使自己体面地下了台。类似上面这种在突发情况下的假装糊涂，其实是一种高超机智的应变手段。我们再看看下面的这位女导演是如何运用这种手段的。

一次，拍完电影，演员们都去浴室洗澡了。这时有人给女主角打来紧急电话，女导演急忙去叫她。

片场一共有三间浴室是给明星专用的，一进门是更衣室，里面才是浴室，如果人在里面洗澡，外面的声音是听不到的。

导演不知道女主角在哪间浴室，情急之下推开了第一间浴室的门，哪知道却看到男主角正站在喷头下冲洗。

感觉到门开了，男主角的动作停顿了一下，女导演急忙转身，并赶紧把门关上。

"哦，对不起，李萍小姐！"

导演立即喊出了另一位女明星的名字，帮自己解困的同时也化解了男主角的尴尬，室内的男主角也粲然一笑。这位女导演故意假装看错人的糊涂做法，是幽默的神来之笔。

幽默感的缺乏很多时候是因为我们已经习惯于直截了当地就事论事，而实际上，如果在出现问题的时候直接对他人进行反驳，只会使自己更加难堪。适当地装装糊涂，幽默一下，反而能够巧妙地解决问题。假装糊涂的妙处就在于对真、假、虚、实的灵活运用，有时候尽管自己很清醒，还是要装作糊涂来迷惑对方，这样才能巧妙试探出对方的真正意图。

一对青年男女在别人的介绍下约会。小姐问先生："你有奔驰吗？"

先生摇摇头："没有。"

"你有洋房吗？"

"没有。"

小姐讪笑道："那么，看来我们也没有缘分！"

先生无可奈何地起身，自言自语道："难道非要我把宝马换成奔驰，把200平方米的别墅换成洋房吗？"

这位先生的糊涂装得真是有水平，听完这位先生的"自言自语"，小姐一定会后悔自己有眼无珠，同时也会为自己嫌贫爱富的势利心感到无比羞愧。

故作"痴呆"所表现出的幽默是智慧的产物，因为它往往对一些人所共知的或简单易懂的现象作出荒诞的解释或发挥，将人引向另一个不易想到的荒唐的思路上。

你不妨在适当的时候给你的朋友来点糊涂的幽默，你朋友脸红，你可以建议他少吃点苹果；你朋友脸黑，你就建议他少吃点窝头。你越是把不可能的事情凑到一块，就越能显出你的幽默和你的智慧。

一个酒徒在外面喝酒喝多了，很晚才回到家。他忘记了带钥匙，于是，只好敲门。

妻子怒气冲冲地打开门说道："对不起，我丈夫不在家。"

"那好，我明天再来。"

酒徒说完，装出转身要走的样子。

结果，妻子急忙追上去把丈夫拉回了家。

丈夫借助假装糊涂的幽默技巧，化被动为主动，巧妙掩饰了自己的过失，得到了妻子的谅解。可是，如果你忘了某些特别的日子，比如妻子的生日，那妻子就真的会不高兴了。这时候，除了掩饰过失之外，你还必须明确地承认你的错误。

幽默缓和，把难堪一扫而光

有人曾说过这样一句话："懂得幽默，能说幽默话的男人是最佳男人，相貌俊美与否是无关紧要的。"幽默是一个人内在气质的标新，一个人内在气质的美，胜过外表的美。无论何人，只要充分运用自己的睿智，随机应变，用幽默的言语缓和窘境，这就是一种成功。它能化冲突为喜悦，变危机为幸运，即使在充满火药味的场合，也可以成为最佳的缓和剂，帮助你摆脱困境。

一次，妻子因为外出办事走得太匆忙，忘了把家中的火炉封好。当她回来的时候，火炉已经灭了，她感觉有些累，就没顾上生火，趴在桌上睡着了。丈夫回到家里，进门见冷锅冷灶的，就十分生气，愤愤地说："真是个活死人，把火都看灭了！"妻子听了这句话，没有生气，反而心平气和地说："别发火了，火再大，也点不燃炉子啊！"丈夫余怒未消，仍愤愤地说："你呀，要没有我，恐怕要去讨饭吃。"妻子马上附和道："这也是我不愿离开你的原因呀！"丈夫一听此话，终于笑了。

这是一个非常聪慧的女人，丈夫的指责无疑让她陷入了难堪的处境，但她并没有针锋相对地反驳，也没有强词夺理地狡辩，而是用小幽默表达自己的歉意，在笑声中获得了丈夫的原谅。

当我们在生活中遇到难堪的局面时，不妨试着从多个侧面、多个角度去寻求解决的办法,使自己的思维向多个方向发展,直到找到一个既机智又幽默的表达方式,使自己摆脱困境。

  妻子比较好胜,邻居张辉家有什么她就一定要有什么。
  一天,她问丈夫:"你知道张辉家最近又添置了什么吗?"
  丈夫回答道:"一套新家具。"
  妻子满不在乎地说:"我们也添套新的!"
  丈夫又说:"他家还购买了一台松下牌等离子大彩电呢!"
  妻子眉飞色舞地说:"小意思,咱们家也买一台!还添了什么呢?"
  丈夫面露尴尬,说:"张辉最近……我不想说了。"
  妻子不高兴了,问道:"为什么?怕比不过他吗?"
  丈夫难为情地说:"他另外找了位漂亮的妻子。"

  妻子这时候无话可说了。妻子这时的无话可说,其实是丈夫有意识引导的结果。聪明的丈夫通过巧妙的话语暗示妻子一连串的追求不切实际。相比直接反对妻子的观点,这种步步深入的归谬法,逐步诱导其发现自己观点的错误,既缓和了气氛,又避免了尴尬。

  小王驾驶的货车在公路上行驶,边跑边放音乐。后面来了一辆小车,鸣笛几次,由于笛声不响,车上噪声又很大,小王和他的同伴都没有听见,他把小车压了好长一段路。终于,小车瞅机会超过了小王的车,便在小王的前面停下挡住了去路,小车上的几个人下车后,对小王他们又是指责又是骂。小王的伙伴们也不示弱,眼看一场械斗就要开始。这时,小王很冷静,他下车走上前去,边脱衣服边大声说:

"同志们,我今日虽然不是有意压小车,但是给大家带来了麻烦,该打。我脱了衣服,让你们打得方便,要求你们打轻点,打快点,打了大家好赶路。"

小王这么一说,反而把大家逗笑了。大伙都说"算了",各自走路。

小王利用以柔克刚之法,将责任揽到自己头上,幽默中透出真诚,既避免了难堪,又化解了矛盾。

自嘲诡辩术,窘境中寻活路

在平时的交际中,我们难免会遇到预料之外的事情,进而让我们无法掌控发展,稍有不慎就会陷入极端尴尬的境地。当出现这种情况的时候,聪明人要学会面对现实,及时调整好自己的心态,需要"拿得起,放得下,想得开",在尴尬气氛充斥身边的时候,不妨采用自嘲诡辩术,把自己从窘境中解脱出来。

自嘲诡辩术,就是利用人们的心理特点,当自己陷入窘境时,自我超脱,采取自嘲自讽,自贬自抑的方法,嘲笑自己的缺点,嘲弄自己的缺陷,贬低自己的优点,以此作为摆脱窘境的良方。

一位工程师十分"惧内",堪称是模范丈夫。一天,几个朋友去他家做客。刚进屋,就听见他妻子像架机关枪一样对他数落不停。这时,他自我解嘲地说对朋友们说:"听习惯了,就像听rap一样。"经他这么一幽默,朋友们和他的妻子都开怀大笑起来。

一笑之余，我们清晰地看到了丈夫对妻子浓浓的爱意，也看到了机智的丈夫对老婆做出的诙谐幽默的反击。这位丈夫虽有怕老婆之名，但能处处体恤妻子，包容妻子，此种气度正显示出大丈夫本色，不愧为丈夫中的楷模。这个家庭也正因为有这样的男人，才有了无穷的幸福快乐。

窘中求趣，是一种愿望，但如果没有勇敢的、超乎常人的奇特的想象，那也只是愿望而已。而有了这样的想象却不善于在想象中借助偶然的因素来构成某种歪曲的推理，也是很难成功的。奇特之妙，就在于颠覆常规的逻辑性。

当一个竞选者身陷反对者的包围时，其境况的窘迫是可想而知的，但聪慧者往往能化解困境。下面摘录了三人化解困境的言语：

> 幽默是生活波涛中的救生圈。
> ——19世纪英国著名作家拉布

第一个人说："谢谢你们，要不是你们的支持，我不可能当选。"

第二个人说："很感谢各位，要不是你们反对我的一些鸡毛蒜皮的事，我早就落选了。"

第三个人说："很感谢各位，你们那样反对我也没有把我送上断头台，要不然我即使获胜，也会没头没脑地站在这里。"

很显然第三个人的幽默意味更强。因为它除了更加荒谬以外，还更像一种歪理，这得力于"没头没脑"的双关语，使整句话具有了一种荒诞的逻辑性。

在民间传说中有一位我们大家都耳熟能详的幽默大师阿凡提，在极端的困境中他常以机智取胜。

阿凡提想进一座锁了门的果园，他用梯子爬上果园的篱笆，又把梯子搬进园里，再沿着梯子下去。刚一下梯子就看见园丁在瞪着他。园丁问："你是谁？到此有何贵干？"

阿凡提说："我是卖梯子的。"

园丁说:"怎么跑到这里来卖梯子?"

阿凡提说:"老天爷,难道你不知道梯子是到处都可以卖的呀!"

机智使阿凡提摆脱了偷盗的嫌疑。他的妙处不是荒诞,而是很现实,现实倒是真实的。如果说窘境中的幽默可以"无理而妙"的话,那么窘境中的机智则非得"有理而妙"不可。

巧妙圆场,帮他人夺回面子

鲁迅先生曾说:"面子是中国人的精神纲领,只要抓住这个,就像拔住了辫子一样,全身都跟着走动了。"中国人素来爱"面子",尤其在人际交往中,更是处处怕失"面子",这也是中国人的普遍心理。然而,面子难免会有"保不住"的时候。比如,在处理人际关系的时候,我们的朋友或爱人会因经验或能力的欠缺而面临尴尬的局面:或与客户争吵,或被领导批评,或被同级嘲笑,或遭亲朋好友盘问……此时,他们都希望能保住面子,保持尊严。如果我们能及时而巧妙地打圆场,给对方找到一个台阶下,从而使他打破难堪的局面,那么,对方一定会由衷地感激我们。

一次,林肯的一位朋友特地从俄亥俄州来拜访他,可是林肯正打算去一个军营视察。朋友远道而来,不好推脱;军营视察也是早已安排好的工作,必须要完成。

于是,林肯请这位朋友跟他一起外出,他们坐了很久的车,才到达那批士兵驻扎的军营。当他们走到士兵旁边的时候,士兵们热烈地欢呼了起来。

通常情况下,林肯的朋友应该选择避让才是,但是他却没有意识到。因为事情仓促,林肯事先也没有想起要告诉他的朋友在训话的时候避让。

正当林肯准备开始对士兵们训话时,军队的另一位军官走到林肯的朋友跟前小声提醒他,这个时候他应该后退。林肯的朋友听后突然醒悟,面色显得很苍白,非常尴尬。

站在一旁的林肯看出了朋友的窘迫，小声对他的朋友说："你确定是你应该退下吗？可能这群士兵根本不知道我们两个谁是总统呢！"

林肯的这两句话一下就把朋友的尴尬给消除了。

林肯的及时打圆场，消除了朋友的尴尬。而对于这个深处窘迫中的朋友而言，他一定也从心里感激林肯给他的这个台阶。而所谓打圆场，是指交际人双方争吵或处于尴尬处境时，由第三者出面进行调解的一种方法。打圆场运用得好，有利于打破僵局，解决问题，还可以融洽气氛、消除误会、联络感情。

有一次，评剧表演艺术家新凤霞的丈夫吴祖光举行了一次"敬老"宴会，请了齐白石、夏衍、老舍、梅兰芳等很多文艺界的名流。

宴会开始后，齐白石老人在看护人伍德萱的陪同下到了吴祖光家，挨着新凤霞坐下了。齐白石很早就听过新凤霞的甜美唱段，他一见美丽的新凤霞本人，激动地紧紧握住新凤霞的手，从上到下，仔细地端详、凝视着新凤霞，使对方陷入了尴尬。伍德萱提醒他说："你总盯着人家看什么呀？"听了这话，齐白石颇不高兴，反驳道："我这么大年纪了，为什么不能看她，她生得好看，我就要看！"见齐老脸都气红了，伍德萱也一时不知所措。新凤霞这时落落大方地对齐老笑着说："齐老，您看吧。我是唱戏的，不怕看。"旁边的人也打趣道："齐老师喜欢凤霞，就收她做干女儿吧！"几句趣话真的促成了一段佳话。

新凤霞幽默大度的话告诉我们，交际中若遇到尴尬场面，要审时度势，准确把握双方的心理，然后运用说话技巧，借助幽默风趣的话语，及时打圆场，化解尴尬，为对方收回面子，以保证交际活动的正常进行。

第六章

指正错误不伤人，
幽默让批评悦耳动听

德国著名演讲家海因·雷曼麦说："用幽默的方式说出严肃的真理，比直截了当地提出更能为人接受。"批评本是伤人的事，简单生硬往往容易造成紧张的气氛，而运用幽默的批评方法，可以很好地缓解被批评者的情绪，启发被批评者自己思考，在轻松愉悦的氛围中，是非曲直、真理谬误都会泾渭分明。

风趣调侃，用幽默将批评包装起来

大部分的人，是不会轻易去批评别人的，而几乎所有的人，更不喜欢被别人批评。但是"人无完人"，在交际中我们不可避免地会发现别人的缺点，如不及时指出，有可能导致更大的错误，会使我们因"不负责任"而内疚。这时，我们就得拿起批评的武器。但是在批评中，人们内心普遍反感的是板着面孔地训斥，为了达到完美沟通，在批评中就不能少了幽默的力量。

许广平曾经写了一篇名为《罗素的话》的论文，请鲁迅指正。鲁迅阅后，写了下面几句话："拟给九十分，其中给你五分(抄工三分，末尾的几句议论二分)，余八十五分给罗素。"许广平欣然接受了鲁迅的这一批评。

鲁迅先生的用意是说许广平的论文中引用罗素的观点过多而缺少自己的独立见解，但他不是直接指出缺点，而是用幽默的语言予以调侃，并用带有夸张色彩的语调加以批评，这样的批评当然容易让人接受。

公园里有一家餐馆，常常在楼前树荫下撑出几把海滨伞，清幽的环境吸引了众多的顾客。一天，某球队的几名球员来到这里用餐，席间觥筹交错，敬酒喧哗，打破了公园的静谧。服务员几次想加以劝阻，却又怕得罪了客人，只得作罢。忽然一阵秋风刮起，将一片黄叶吹到了菜盘里。一位球员想为难服务员，便说："服务员，这算一道什么菜？"服务员笑了笑，答道："这是一张黄牌。"

出示黄牌是球场上对违规球员的一种警告，如再不改，等到第二张黄牌出现时，裁判就得请你"走人"了，所以球员都非常忌讳"吃黄牌"；但是服务员不是裁判，便不能给顾客"出示黄牌"。而顾客的行为与周围的环境又实在太不协调了，于是服务员幽默地将一片枯叶比做让球员"闻之色变"

的黄牌，既达到了提醒对方的目的，又不至于引起对方的反感。

批评他人是为了让他人改正错误，而不是要把对方推入尴尬的境地，否则就不能达到批评的目的。而在批评中，只有加入幽默的力量才能使人更愿意接受。

但是，如果在批评中"幽默"过分，又可能让对方会错意，或使对方无法知道事情的严重性，从而达不到警醒对方的目的。

某公司职员爱酒如命。一次酒后误上班，经理就在他的办公桌上写下"七九五四"几个数字。职员上班后，不知其意，就去请教秘书小姐。小姐说："经理是说你'吃酒误事'。"于是职员在"七九五四"后面画上一只蝉，送给了经理。经理笑道："孺子可教也。"但是好景不长，不久他又"旧病复发"，于是经理在蝉的尾部加上一道白烟，复交给职员。职员又问秘书小姐，小姐说："前次经理怪你'吃酒误事'，你说你'知了'；现在你依然故我，经理说你'知了个屁'。"

经理和职员在对待批评和被批评的问题上可谓幽默感十足，但是职员在被批评后"依然如故"，这多少与经理的批评严肃不足而诙谐有余有些关系。

含而不露，启发被批评者的思考

在与人交往的过程中，面对他人的错误，我们有时会控制不住自己而粗暴地对其加以指责，结果往往不欢而散。指责需要幽默，幽默能使指责传达出我们的善意。

生活中，当双方发生严重的意见分歧的时候，如果有理的一方能撇开严肃的态度，以幽默的语言对无理一方施加掩藏锋芒的暗示性责备，既能正确无误地表达出责备之意，又能达到不伤害别人的效果。因为，对方在受到责备的时候不仅仅会感受到责备的内容，对他们来说责备的形式有时候是更重要的因素。采用幽默的方式将责备之意传达给对方，能给对方一种相对较好的感觉，使对方更容易面对错误，接受批评。

在一家餐馆里，一位顾客正把米饭里的沙子一粒一粒地拣出来摆放在桌子上。服务员看了不好意思地说："沙子不少吧？"顾客笑笑，点点头说："是啊，不过还是有一点米的。"

上面的故事中，顾客没有直接批评米饭的质量不好，而是拿服务员说的"沙子不少吧"大做文章，幽默地说出"饭里除了沙子也有一点米"的意思，通过先肯定后转折的形式表达了自己对米饭中沙子过多的不满，这样就显得非常委婉，既责备了饭馆服务员，又不至于引起对方的反感，让人们在笑声里看到自己或他人的错误，从而顿悟悔改。

乔治·华盛顿是美国的第一位总统。他有一个年轻的秘书，一天早晨，这位秘书来迟了，他发现华盛顿正在等着，感到很内疚，便说他的表出了毛病。
华盛顿平静地回答："恐怕你得换一只表，否则我就要换一位秘书了。"

华盛顿的批评是严厉的，但同时也是幽默的，用换表来类比换秘书，相信那位年轻的秘书能够听出总统的真实意思。

人都是有自尊心的，俗话说"人要脸，树要皮"，直截了当地批评某个人，会条件反射地引起他找某些理由来为自己辩护，或者会以沉默反抗，口服心不服，造成积怨，而幽默的批评往往采用了影射的方式，以不太刺激的话语点到被批评者的要害之处，含而不露，让批评不仅能达到教育对方的目的，也能创造一个轻松愉快的气氛。

一天，有个调皮的小男孩来到村口的理发店，要求理发师为他刮胡子。
理发师请他在椅子上坐下来，在他脸上涂了肥皂水之后，便去跟别人闲聊去了。
那个男孩等得不耐烦，叫了起来："理发师，你什么时候才替我刮胡子？"

"我在等你的胡子长出来呢!"理发师回答说。

上面这个故事中,理发师没有直接严厉责备小男孩的胡闹,也没有把他拒之门外,而是运用含而不露的幽默技巧和小男孩开了一个玩笑,使小男孩在幽默轻松的交流中认识到自己的错误。其实在生活中,如果带上一些幽默的色彩,指责也可以表达善意。

间接批评,转移攻击的锋芒

每个人都有自尊心,实践证明,直截了当地当众批评某个人,绝不是好办法。心理学家们都异口同声地说:"不要当众斥责人。"对对方有了不满,就不管三七二十一地说出来,痛快是痛快了,但却很可能伤害了对方的自尊,使对方难以接受,严重时还会造成对方和自己的对立。

我们来看看下面的这段对话:
丈夫:"亲爱的,你知道为什么你不长胡子吗?"
妻子:"因为我是女人啊。"
丈夫:"不对。"
妻子:"那是什么原因?"
丈夫:"是由于你整天喋喋不休地唠叨,使下颚锻炼过度的缘故。"

在这里,丈夫同样是在批评妻子的多嘴多舌,但给人感觉毫不生硬刺耳,原因是他把自己的直接冒犯改成了间接说理,从而转移了攻击的锋芒,使妻子听来更顺耳一些,幽默的情趣也得以有效地增强。

再来看看下面这段对话,这是在家庭生活中常常遇到的,比较一下与上述对话的不同,相信你会深有感触:

丈夫:"你整天喋喋不休,好像世界上的事没有你不知道的。"

妻子："真的吗？"

丈夫："是的，只有一件事你自己不知道，而我恰恰知道。"

妻子："什么事？"

丈夫："你对自己一无所知。"

这则对话，相比较上述对话来说，表述方式更为直接一些，丈夫并没有考虑到妻子的心理感受，而是将妻子的缺点全部揭露于彼此面前，没给妻子留下一点点心理缓冲时间。

可想而知，妻子听了这番话心里该是多么的愤怒和伤心，也许夫妻之间就会因此爆发一场"大战"。

> 有原谅人的幽默，喜剧要么是刺人的，要么是温厚的。讽刺的目的是道德主义和感化性的，幽默的目的，则是审美和沉思的。
> ——美国哲学家帕克

比起直接的说话方式，间接含蓄的方式更加容易让人们接受。所以，当我们在指出他人错误的时候，要善于舍弃直接的方式，选择能通幽的小径，以风趣的责备来劝说他人的错误。这样的"曲径"不但能把我们的意思准确地表达出来，而且还能使对方成功地接受你的建议。因为要想对方虚心地接受你的建议，就要注重说话的技巧，对他人的责备一定要风趣，切勿直接批评。

据说郑板桥小时候家里很穷，有一年过年，他家里向屠户家赊了一个猪头。没想到的是，他家刚把猪头收拾好，要下锅时，屠户又把猪头要了回去，转手卖了高价。郑板桥对此事一直耿耿于怀，想找机会惩罚屠户。

后来，郑板桥到山东范县做官。为了惩罚屠户，他规定屠户不准卖猪头，自己吃也要交税。郑板桥的夫人听说这件事后，感到很不安。

有一天，她捉到一只老鼠，把它吊在房里。夜里老鼠不住地挣扎，"吱吱"地乱叫，郑板桥一宿没睡好觉。他对夫人不满，夫人却说："小时候，我好不容易做了件新衣裳，被老鼠啃坏了。所以我特别恨老鼠，现在我要惩罚它。"

郑板桥听后笑着说："你老家在兴化，兴化的老鼠啃坏了你的衣裳，与

山东的老鼠有何干系？你恨它没有道理呵。"

夫人故意吊起嗓门说："你不是也恨范县的屠户吗？"

郑板桥恍然大悟，随即取消了对屠户的惩罚。

郑板桥因为贫穷时的遭遇，一直对屠户怀恨在心，因而等他做了官，就规定杀猪的不准卖猪头，自己吃也要交税，以示对屠户的惩罚，实际上他的这一行为就是公报私仇。这时候，他的夫人看不下去了，但如果直接指出郑板桥的错误，那么就会损伤他的自尊心，也会使他陷入难堪的境地，所以，夫人运用类比的方法，巧用风趣的责备，旁敲侧击，聪明的郑板桥立即领悟到了夫人话里蕴含着的言外之意。在这里，夫人就舍弃了直接的方式，而采用委婉的方式，达到了指正批评的目的。

玩笑中责备，让批评更容易被接受

作为一个领导，一个上级，批评下属的时候要讲究方法，这样才能避免招来下属的敌意。不过，要想把批评下属的话说得恰到好处也需要一些技巧。幽默是人际关系的润滑剂，可以促进人际关系的和谐，如果把这种幽默技巧用在批评犯了错误的下属身上，也能收到良好的效果。

经理问女秘书："你相信人会死而复生吗？"

"当然相信。"

"这就对了，"经理笑着说，"昨天上午你请假去参加外祖母的葬礼，中午时分，她却到这里来看望你！"

这位上司将对下属的批评很好地融入玩笑式的幽默之中，既能达到批评下属的目的，又能够让下属明白上司用幽默来处理此事的深意。这样的上司无疑会和下属相处得非常融洽，从而使上下级的关系更为密切。

上司学会多对下属的优点表示欣赏，会更容易赢得下属的拥护。

作为上司，如果在批评下属的时候能够把下属的一些优点用幽默的方式结合在一起，则会起到更好的效果，也更容易让上下级的关系更深入一步。

> **幽默的目的是审美。**
> ——美国哲学家帕克

在快节奏的工作中，下属犯一些错误在所难免。作为一个上司，在碰到员工们出现工作失误之时，对其进行批评指正是必须要做的事情。不同的上司对员工进行批评的手段是不同的，因此产生的效果也是不同的。这里面有着不同上司对管理手段的不同理解。

不管管理者的手段有什么区别，让接受批评的人能够从心底接受批评指正才是最成功的管理手段。我们不能说对犯了错误的员工进行大声呵斥的行为是错误的，但是作为一个睿智的上司，如果能够幽默轻松地让员工们认识到需要改进的地方,既改善了员工们的工作,又使上司和下属们的关系和谐融洽,又何乐而不为呢?

一次,张震将军在视察某部队的时候,召集了军官十余人座谈。

会上,张震将军问这些军官:"一个普通战士的津贴是多少?"在座的军官竟然没有一个人知道。

张震将军看在眼里,气在心里。不过张震将军没有直接批评这些军官,而是给他们讲了一个"绰号"的故事。

他说:"民国的时候,有个叫张宗昌的军阀,人称'三不知将军':一不知自己有多少兵,二不知自己有多少枪,三不知道自己有多少个小老婆。"张震虽然没有直接批评什么,但是在座的军官听到他讲的故事之后,都惭愧地低下了头。

张震将军通过类比的幽默方法对其下属进行的批评可谓入木三分,更妙的是,他在批评的同时还给这些军官们留了面子。

上司在批评下属的同时,如果在话语中夹带着一些幽默,便能够冲淡一些责备的意味,可以达到既保全了对方的自尊,又能达到使对方自我反省、力求改进的目的。相反,如果一位上级尖刻地批评一个工作做得不好的下属,就会造成了失败的局面。那位下属会失去他的自信心,而同事也会失去他的信任,得不到他的合作。但是"以对方为中心"来了解他人,却是打开沟通的途径。下面就是一个给予并获得,以至于双方共赢的例子,简单而为大家所熟悉:

有一位督导对手下的职员说:"我需要这份进展报告的5份复印本,马上就要!"

这位职员按下复印机的按钮,立时,25份复印本就复印了出来。

督导笑着对职员说:"小姐,我不知道是复印机不听指令,还是你没听清楚!我只要5份复印本。"

职员也笑着说："对不起，督导先生，我想是复印机的耳朵出了毛病不听话，看起来真该好好修理修理她了。"

督导以幽默的语言对职员的错误提出了批评，职员也从幽默的语言接受了批评，并表示了改正的决心。

古人云：人非圣贤，孰能无过？如果下属在工作中犯了错误，上级领导不给予适当的批评，只会令下属在错误的道路上越走越远。可见，批评在工作中是非常必要的。但是，每个人都自尊心，即使犯了错误的人也是如此。领导在批评犯错的员工的时候，也要考虑到对方的自尊心，切勿随便伤害。在批评他人的时候，要学会风趣含蓄，如春风化雨，而不是大发雷霆，横眉怒目，以为这样才能显示你的威风。实际上，这种批评方式是最容易伤害对方的自尊心，甚至导致矛盾激化。因此，要想得到良好的批评效果，又不至于招来下属的敌意，就需要掌握一些诸如幽默批评之类的批评技巧和方法。

批人之前，先调侃一下自己

美国总统林肯说："人人都喜欢受人称赞。"哲学家詹姆士说过："人类本质中最殷切的要求是渴望被肯定。"人类与生俱来就有一种正常的心理防卫机制。在现实生活中，如果一上来就"兴师问罪"，做错事的一方，一般都会产生不自主的抵触情绪，然后在内心深处开始找理由为自己辩解。即使你苦口婆心地劝说，他也不可能听进去，就算他在表面上接受了，也未必表明你已经达到了目的。因此，无论采用何种批评方法，不要直接劈头盖脸地发牢骚，要先创造一个尽可能和谐的气氛，让他放松下来，然后再开始你的"慷慨陈词"。要做到这一点，我们不妨先调侃一下自己，再幽默地批评他人。正如美国前总统柯立芝所说："理发师给人刮胡子，他要先给人涂些肥皂水，就是为了刮起来使人不觉痛。"

一次，学校组织学生到报告厅看电影。看完电影回到教室后，学生们仍在谈论着电影中的精彩情节。

临近上课,班主任王大林走到教室门口,只听坐在前面的林聪兴奋地朝班里喊了一声:"王大林来了!"学生们往门口一看,真是王老师来了,先是一阵沉默,随即哄堂大笑起来。

王老师走进教室,故意打岔说:"今天林聪怎么这么客气,不叫王老师,竟然叫我'王大爷'?"学生们听了,笑得更响了。

接着,王老师一本正经地说:"其实,我们在学校里不必这么客气,不管老师年纪大小,只要叫'老师'就好了,不要叫'大爷'、'大叔'的,但也千万不能没有礼貌,直呼老师的姓名。"

王老师几句装糊涂打岔的话,说得林聪红了脸。

从上面的案例可以看出,班主任王老师是个很懂得批评之术的人,面对学生无礼,他并没有大发雷霆,也没有严厉地批评,而是先调侃一下自己,称自己为"王大爷",当学生们为此发笑时,再以开玩笑的方式指出学生对老师直呼其名这一行为的不礼貌,让学生林聪在轻松的氛围中认识到自己的错误,同时,也对其他同学起到教育作用。试想,如果这位老师在对犯错误的学生进行批评教育时,只是一味地对他们板起面孔,或严肃批评,或高声吼叫,或大声训斥,或挖苦数落,这样不仅不会达到教育的目的,还会使学生背上思想包袱,加重心理负担,激化师生矛盾。

美国幽默术专家特诺·赫伯说过:"把幽默当做礼物送给别人,会增强你的吸引力。"社交场合离不开幽默的谈吐。幽默能激起听众的愉悦感,使人轻松、愉快、爽心、舒情,幽默可活跃气氛,沟通双方感情。幽默能融洽人际关系,生动地表达情感和态度,从而达到驳斥、批评他人的目的。

美国第16届总统林肯的长相平平,他自己对此也不避讳。他的政治对手道格拉斯在与他辩论时严厉指责他是个"两面派"。

林肯答道:"现在,请各位观众说说看,我如果还有另一副面孔的话,我会戴着现在的这副面孔吗?"结果引起观众哈哈大笑。

面对他人的挑衅，林肯并没有直接道出道格拉斯的指责是荒谬的，而是先调侃了一下自己，在观众大笑的同时，自然也反击了道格拉斯。

美国哲学家帕克说："幽默的目的是审美的沉思。"也就是说，幽默是以表面上的滑稽和形式上的玩笑，起到实质上的庄重和内容上的严肃之效果。因此，真正的幽默要有意味深长的内涵，它不是简单的插科打诨。作为批评手段之一的幽默批评，更应是智慧的结晶，是启迪的艺术，是热情的开导，是真诚的帮助。很明显，先调侃自己，再幽默批评，则使得我们的批评动机更纯正，批评语言更温婉，也就更能起到指正的作用。

所以，我们在肯定幽默对批评的作用的同时，还必须认识到一点，如果我们在指出他人错误的同时，先把幽默的矛头指向自己，开一下自己的玩笑，博对方一笑，那么，此时你再进行幽默批评，对方接受起来也就更加乐意接受。

第七章

幽默拒绝留情面，风趣说"不"易接受

在人际交往中，我们总有被人拒绝或拒绝别人的时候。拒绝表述总难离一个"不"字，而这个"不"字又往往最不好意思说出口。直接拒绝别人很容易伤害对方，甚至造成许多误解，破坏彼此间的友谊。怎样才能既把"不"字说出口，又不伤害彼此之间的感情呢？这时候幽默的拒绝方式是最佳的选择。

趣言妙语，让拒绝的理由更易被接受

拒绝的话一向不好说，说不好就很容易得罪人。因此拒绝他人时，要讲究策略，最重要的一点就是含蓄委婉。而幽默地拒绝正能巧妙地体现这一点。

有一位"妻管严"，被老婆命令周末进行大扫除。正好几个同事约他去钓鱼，他只好回答："其实我是个钓鱼迷，很想去的。可成家以后，周末就经常被没收了啊！"同事们哈哈大笑，也就不再勉强他了。

有时候拒绝的话像是胡搅蛮缠，但因为它是用幽默的方式表达出来的，所以也就在起到拒绝目的的同时，让别人很愉快地接受了。

意大利音乐家罗西尼生于1792年2月29日，因为每4年才有一个闰年，所以等他过第18个生日时，他已72岁了。在过生日的前一天，一些朋友来告诉他，他们集了两万法郎，要为他立一座纪念碑。他听了以后说："浪费钱财！给我这笔钱，我自己站在那里好了！"

罗西尼本不同意朋友们的做法，但他并没有直接拒绝别人，而是提出一个不切实际的想法，使大家在觉得可笑的同时，同意了他的观点。这说明，用幽默的方式拒绝别人的确可以令人开心地接受。

此外，还可以用假设的方法，虚拟出一个可能的结果，从而产生一个幽默的后果，而这个后果正好是你拒绝的理由。这样，不仅不会引起不快，反而可能给对方一定的启发。

著名剧作家萧伯纳的辞爱方式，可以说是辞爱的经典。

有一日，萧伯纳收到著名舞蹈家邓肯的求爱信，她在信中写道："如果我们结合，有一个孩子，有着和你一样的脑袋，和我一样的身姿，那该多美妙啊！"

萧伯纳看了信后，很委婉而又很幽默地回了她一封信，他在回信中说："依我看那个孩子的命运不一定会那么好，假如他有我这样的身体，你那样的脑袋，岂不糟糕了吗？"

这位美女演员收到信以后，明白了萧伯纳的拒绝之意。她失望地离开了，但她一点也不恨萧伯纳，反而成了他最忠实的读者和好朋友。

不管对于中国人还是外国人，拒绝别人的话总是不好说出口，但拒绝的话又经常不得不说出口。这时不妨用幽默的方式说出拒绝的话，既表达了自己的拒绝意图，又会使对方乐于接受。

逻辑拒绝，巧踢回传球

在与人交际的过程中，当自己处于不利态势时，为了寻找转机，加强自己的立场，也需要找借口拒绝对方。这时，如果你能灵活机智地利用对方的话语来拒绝对方，就能使对方不再坚持，从而达到自己拒绝对方的目的。

萧伯纳的脊椎骨一直受病痛折磨，在一次去医院检查的时候，医生对萧伯纳说："有一个办法，就是从你身上其他部位取下一块骨头来代替那块坏了的脊椎骨。"并说，"这手术很困难，我们从来没有做过。"医生这样说的本质意思是，这次手术要多收取点手术费。

萧伯纳当然明白医生的意图，他并没有与医生争论，也没有表示不满，而是幽默地淡淡一笑说："好呀！不过请告诉我，你们打算付给我多少手术试验费？"

医生顿时无话可说。

萧伯纳的逻辑是：既然你强调是从来没有做过的手术，那我的身体就是试验品了，而被试验具有一定的风险，当然要有报酬才可以。拒绝不一定要自己把意思表明，也可以利用对方的话来拒绝他。萧伯纳合理地从对方的话语里引出一个合乎逻辑的相同问题，巧踢"回旋球"，让对方"哑巴吃黄连——有苦也说不出"。

美国第26任总统西奥多·罗斯福年轻时曾在海军部供职。身处一个接触不少军事机密的部门，难免会遇到各种各样的试探性提问。

一天，罗斯福的一位好友在闲聊中表示出对美国海军动向的极大兴趣，并点名问到某一大西洋小岛筹建基地的秘密计划。

罗斯福起身向周围查看了一番后，他压低声音问这位好友："你能保守秘密吗？""当然能！"该朋友激动地回答。罗斯福听后微笑着说道："那么，我也能。"

面对好友的提问，直接拒绝似乎很驳友人的面子，不拒绝就会让对方继续打破沙锅问到底，不知收敛。

直接卖个人情把情报告诉对方？这显然有违自己的职业道德。在这种两难的情况下，罗斯福以一句小小的玩笑，巧妙地把对方设置在同样的情景，以此来引诱对方做出他的判断，从而让朋友自觉意识到自己所问的内容是应该被保密的，也就不好意思再追问下去了。

亨利·艾尔弗雷德·基辛格是1973年诺贝尔和平奖获得者，这位著名的当代美国外交家不仅是一位国际问题专家，还是一位睿智的幽默大师。在基辛格担任尼克松政府国家安全事务助理一职时，曾有记者公开向他询问美国当下导弹和潜艇的数量。

基辛格听到问题后并没有横眉冷对，而是以非常配合的口吻回答："数目我当然是知道了，但是我不知道这条信息算不算是保密的。"

记者听到这句话，立刻接话："不是保密的啊！""不是保密的吗？"基辛格听后饶有兴趣地倾下身问道："那你说是多少呢？"提问记者顿时满脸尴尬，只能"嘿嘿"地傻笑。

拒绝对方最有利的武器，是对方自身。基辛格运用其幽默的逻辑思维和机智的言辞，通过设问的方式，引导对方的谈话，以对方的回答作为自己回绝的依据，从而达到拒绝的目的，可谓高明之至。

婉言曲说，轻松拒绝

拒绝他人要有技巧，太直接生硬的方式会让对方感觉尴尬，甚至伤及双方的关系。幽默而委婉地拒绝是一个绝佳的方法，它可以让你在人际交往中少一些尴尬，多一些顺心。你的幽默，会让你在拒绝他人的同时也赢得更多的理解。

一位朋友向普斯顿询问他的年纪。普斯顿想了一下才告诉朋友："40岁。"

10年后，这位朋友又问普斯顿多大年纪了，这次普斯顿毫不犹豫地答道："40岁。"

朋友感到奇怪："怎么可能呢？好几年前你就说过自己40岁了。"

普斯顿答道："正人君子是不会因为时间改变一些事情的，比如10年前和现在一样我们都是朋友。你20年后问我，我同样也是40岁，对吗？"

此后，朋友再不向普斯顿问这个问题了。

显然，故事的主人公普斯顿很不愿意回答年龄这个问题，第一次就有意回避了。而他那粗心的朋友竟然没有发觉，多年后居然又对这一问题发问。普斯顿不能坚决地拒绝回答这个问题，就将与朋友间的友谊也拉入话题中，使得朋友感觉到彼此友谊也在"不变"的范围内，实在是一举两得。

当他人的要求是你力不能及的事情时，你可以用幽默的态度去拒绝。

甘罗的爷爷是秦朝的宰相。有一天，秦王提出要吃公鸡下的蛋，命令满朝文武想办法去找，要是三天内找不到，大家都得受罚。甘罗见爷爷急坏了，想了个主意。

第二天早上，甘罗替爷爷上朝了。他不慌不忙地走进宫殿，向秦王施礼。

秦王很不高兴，说："小娃娃到这里捣什么乱！你爷爷呢？"

甘罗说:"我爷爷正在家生孩子呢,托我替他上朝来了。"

秦王听了哈哈大笑:"你这孩子,怎么胡言乱语!男人家哪能生孩子?"

甘罗说:"既然大王知道男人不能生孩子,那公鸡怎么能下蛋呢?"

就这样,甘罗得体地拒绝了秦王,让秦王不得不放弃自己的无理要求。

面对一些无法答应的要求,如果明言拒绝,会让人难堪。如果运用幽默委婉的语言拒绝,就能既表达自己的决绝意图,又使对方乐于接受。

洛克菲勒是美国最富有的人,他一生中至少赚了10亿美金。但他也知道过多的财富会给子孙带来麻烦,所以一生中捐出的金钱竟高达7.5亿美元。

不过,他也不是随便捐钱,在捐钱之前,他都会先搞清楚款项的用途。一天,洛克菲勒在下班的途中,被一个不学无术的人拦住,向他诉说自己的不幸,然后恭维他说:"洛克菲勒先生,我从20里外步行到这里找您,路上碰到的每一个人都说你是纽约最慷慨的大人物。"

洛克菲勒一听就知道这个拦路人是在向他讨钱,但是他很不喜欢这种不劳而获的伸手要钱方式,又不想使对方太难堪。怎么办呢?他想了一下,就对这个拦路人说:"请问,过一会儿你是否还要按原路回去?"

这个人赶紧回答:"是的。"

洛克菲勒就对这个人说:"那再好不过了,请您帮我一个忙,告诉刚刚碰到的每个人:他们说的都是谣言。"

幽默的拒绝是一种智慧,也是一种良好的方式、方法,它能给对方留有退路,使其有台阶可下,也可以不失自己的体面,从而使拒绝更加轻松自然。

幽默说"不"，避免难堪

拒绝别人是需要技巧的，懂得随机应变，学会有技巧地说"不"，是每个人都应该学会的处世技巧，它能让你在生活中变得更加轻松自在。

我国著名文学家钱钟书在其小说《围城》出版后，很多媒体记者想要通过钱钟书的朋友，以得到采访他的机会。

钱钟书由于不喜应酬，便幽默地对他的朋友们说："你们帮我转告他们吧，既然已经见过鸡蛋了，为什么还要千方百计地想要见到那只下蛋的母鸡呢？"

钱钟书把自己辛苦写就的小说《围城》比作"鸡蛋"，而把自己比作"下蛋的老母鸡"，这一比喻新奇有趣，让听者禁不住会心一笑，他以这种方式幽默地拒绝了记者们采访的要求，更显出其聪明睿智。

幽默拒绝法是一种技巧，是指在无法满足对方提出的不合理要求的情况下，在轻松诙谐的话语中设一个否定句，或讲述一个精彩的故事，让对方听出弦外之音。既避免了对方的难堪，又转移了对方被拒绝的不快。

有人想让庄子去做官，庄子并未直接拒绝，而是打了一个比方，说："你看到太庙里被当作供品的牛马吗？当它尚未被宰杀时，披着华丽的布料，吃着最好的饲料，的确风光，但一到了太庙，被宰杀成为牺牲品，再想自由自在地生活着，可能吗？"

庄子虽没有正面回答，但一个很贴切的比喻已经回答了：让他去做官是不可能的。

可见幽默风趣的拒绝也是一门艺术。无论别人对你的要求是听从还是反对，你都有权力说"不"，只有这样，你才能顾及自己的实际情况，同时以真诚的态度面对对方。

毕达哥拉斯说过:"最短、最老的字——'好'或'不'——需要最慎重的考虑。"想想看,当你必须说"不"时,你有多少次说了"好"?你是不是怕拒绝伤害别人的感情所以很快地、本能地说了"好",等到事后又后悔自己的所作所为?你是不是个只会说"好"却又不能照顾自己的情绪,整天带着叹息与别人相处的人?

巧妙拒绝,让他知难而退

在为人处世的过程中,经常会遇到令自己为难的事情,这个时候难的不是直接拒绝,而是如何巧妙地拒绝。巧妙地拒绝,可以引起他人的理解,让他知难而退,以至于不伤害对方的感情。

《谐语》为明朝郭子章所著,书中说:有朋友求在朝中当官的苏东坡为他谋个差使,苏东坡对来求他的这个朋友说了一个故事:以前有个盗墓人,掘开第一个墓的时候,发现一个赤身裸体的人,这是王阳孙,因为他主张裸体下葬的;掘开第二个墓的时候,竟然掘出了汉文帝,他是个不准随葬金银玉器的皇帝;第三个墓里掘出了饿死在首阳山的伯夷;盗墓人还想继续掘第四个墓,伯夷说:"别费心了,我弟弟叔齐也无门路!"对苏东坡有所求的人听完了这个故事,知趣地走了。

苏东坡就这样通过引用故事的方式,借故事中人物的口表达了自己拒绝的意思,幽默风趣,使朋友自觉地知难而退。

一个法国出版商想得到著名作家的赞扬,借以抬高自己的身价。他想,要得到一个大人物的好感,必须先赞扬他。

这天,他去拜访一位知名作家。他看到作家的书桌上,正摊着一篇评论巴尔扎克小说的文章,便说:"啊,先生,您又在评论巴尔扎克了。的确,多少年来,真正懂得巴尔扎克作品的人太少了,算来算去,也只有两个。"

作家一听就明白了出版商的意图，便让他继续说下去。出版商说道："这两个人，其中一个是您了。可是还有一个呢？您说，他应当是谁？"

作家说："那当然是巴尔扎克自己了。"出版商顿时像泄了气的气球，悻悻地走了。

出版商想求得知名作家的赞扬，故意登门拜访。作家呢，不好直接拒绝，逆着对方的意思给出了回答，让对方体会出其中的拒绝之意。

出版商把世间懂巴尔扎克作品的人确定为两个，一个，他自然要送给作家了；另一个，他是给自己预备的。但自己说出来，那太没涵养，况且自己认可的东西并不一定能得到作家的赞同。由此，出版商一直沿着自己的设计和思路，准备着一种情感—他期待着作家的赞扬，让作家指出他是懂巴尔扎克作品的人。

作家并不回绝对方的话，因为那太扫人兴了。但是他有意漠视对方的"话外音"，一句答话，让对方的期待栽了个大跟头，作家回答的是，另一个懂巴尔扎克的人是巴尔扎克自己。于是双方没戏唱了，只好散场。

此外，巧妙幽默的拒绝语言也适用于爱情中。在甜蜜的爱情之旅中，幽默的言语可以增加情趣，制造浪漫。而当一份感情难以接受之时，用幽默的言语予以拒绝，也可以让对方知难而退。

男孩为了向女孩求婚，精心准备了一顿丰盛的晚餐。气氛正好时，男孩说："只要你同意，我愿意一辈子为你做饭。"

女孩并未做好结婚的准备，但又不想直接拒绝，因而委婉地说："真不好意思，我还想多吃几年自己做的饭呢。"

男孩当然能够听出女孩话里的意思，但他虽然遭到了拒绝，却不至于太尴尬。因为女孩是借着做饭这件事委婉地回绝了他，这样的方式让男孩知难而退，双方都不会太难堪，也为这件事留下了一定余地，免于因直接说破造成一些不愉快的后果。

第八章

消除敌对情绪，幽默化解矛盾冲突

列宁曾经说过："幽默是一种优美的、健康的品质。"在生活中，人与人之间难免会发生正面的碰撞和冲突，那么，如何解决呢？最好的方式就是运用幽默，将语言的作用发挥到极致。在沟通中，幽默的语言如同润滑剂，可有效地降低人与人之间的"摩擦系数"，消除敌对情绪，化解不必要发生的冲突和矛盾。

轻松应对，幽默话语平息冲突

在日常生活中，人与人之间发生争吵在所难免，一旦有了纷争，即使认为自己在理，也应避免过分地数落、指责别人。这时，最好的方式是用调侃、幽默的语言，轻松浇灭对方的怒气，化解纠纷。

有一天，在拥挤喧嚣的百货大楼里，一位女士愤怒地对售货员说："幸好我没有打算在你们这儿找'礼貌'，在这根本找不到！"

售货员沉默了一会儿说："你可不可以让我看看你的'礼貌'样品？"

那位女士愣了一下，笑了。售货员的幽默打破了他们之间的紧张局面。

可见，事情变得紧张、严重时，能从这种白热化的僵局中看出其中所包含的幽默成分，便可巧妙地避免麻烦和纠纷。如果那位售货员对于顾客的叫嚣也采取一种较真的态度，那对于大家又有什么好处呢？无非是更加激化双方的矛盾。正因为意识到这一点，这位售货员幽默地批评了那位女士的无礼，从而制止了进一步的争论。所以，当我们与陌生人发生冲突的时候，如果能幽默一点，大度一点，矛盾应该可以化解，敌意也能消退。

在一个宴会上，一位诗人和一位将军坐在一起，他们对彼此有敌意，将军不喜欢诗人，对他比较冷淡。每当女主人谈起诗的时候，将军就皱起眉头。

宴会进行到一半时，女主人说："我这位诗人朋友现在要为我作一首十四行诗，并且当场朗诵。"

聪明的诗人推辞说："哦，不，好心的太太，还是让我们的将军来发一枚炮弹吧！"

那位将军一下子被逗乐了。他举起酒杯，提议跟诗人碰一杯。此后，直到宴会结束，将军和诗人谈得非常投机，两人因此成了好朋友。

相逢一笑泯恩仇。豁达、自然、轻松的幽默方式可以使阻碍自己走向成功的矛盾变得缓和,及时避免出现令人难堪的场面,化解彼此之间的对立情绪,使问题得以更好的解决。

我们在生活中有可能要去应付不合理的要求、令人不快的行为、或者闹得不像话的场面,这时候通过幽默的话语来化解一触即发的冲突显得很有必要。

餐桌上,有几位客人争吵起来,这时,服务员上了一份大盘鸡,有一个人想要平息这场争执,便趁机问道:"诸位,刚才是一道什么菜?大概是鸡!"

"是的。"一位客人回答。"那一定是公鸡!"这人一本正经地说,"原来是鸡在作祟,难怪大家要斗起来。"说完他举起酒杯:"来点灭火剂吧,诸位!"

一场餐桌上的舌战顷刻间平息了。

作家欧希金也曾以幽默摆脱了一个困境。

他在他的《夫人》一书中,写到了美容产品大王卢宾丝坦女士。后来在一次他自己举行的家宴中,一位客人不断地批评他,说他不应该写这种女人,因为她的祖先烧死了圣女贞德。其他客人都觉得很窘,几度想改变话题,但是都没有成功。谈话越来越令人受不了,最后欧希金自己说:"好吧,那件事总得有个人来做,现在你差不多也要把我烧死。"这句话马上使他从窘境中脱身出来,随后他又加上一句妙语:"作家都是他的人物的奴隶,真是罪该万死!"

幽默在任何场合下都能制造轻松氛围。作为一个社会人,在与别人交往的过程中,难免会遇到一些冲突和摩擦,如果在那种情况下,你能从容地开个玩笑,对立紧张的气氛就可能消失得无影无踪,进而轻松浇灭对方的怒气,拉近彼此之间的距离,化解纠纷。

与人为善,用幽默化解冲突

有时候,人与人之间难免会发生正面的碰撞和冲突。这样的冲突大致可分为两种:无意的冲突和蓄意的挑衅。对这两种不同的情况,我们应该进行区别对待。在大多数情况下,冲突是无意中引起的,这时我们就可以用幽默的、与人为善的方式对冒犯者进行温和的批评。

借幽默的友爱之手,我们就能巧妙地化解掉生活中的各种矛盾。从心理根源上来说化解矛盾的关键是养成那种与人为善的友爱的心态。很多的幽默故事体现了人们对人与人之间友爱的呼唤,让我们看看下面这个幽默故事:

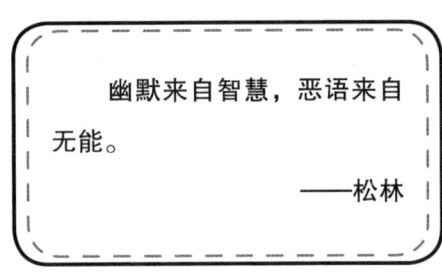

幽默来自智慧,恶语来自无能。
——松林

在电影院里,一名年轻男士在摸黑上过厕所后,来到了某座位外端的女士旁边,对她说:"刚才我走出去的时候,是不是踩了你的脚?"

坐在最外端的女士很厌烦地回答道:"那还用问吗?"

那名年轻男士赶紧说:"噢!那就是这排了!真对不起,我有严重的近视……请让我为您擦擦鞋吧?"

女士马上表示没什么,说自己擦就可以了。

从这个故事中我们可以看出,如果你冒犯了别人,对方在乎的可能不是你是否会赔偿他的损失,而是你对自己所做错事的认错态度。所以,当错误在你时,你只要诚恳地低下头,向别人道歉,让对方感受到你表达歉意的诚心,相信大多数时候别人也会对你表示友善的谅解。

幽默地道歉也要注意时机,一般情况下,正在发脾气的人,由于火气上升,有时候会丧失理性。在这个时候,如果你保持安静,不去惹他,他就可以慢慢地恢复平静。当对方在谩骂不休之时,你千万不要抱薪救火,故意去逗他,只有这样他暴怒的火焰才会慢慢熄灭。

因此，在人际关系中，与他人发生矛盾时，应当坚持一个处理的原则，那就是激化矛盾实属不明智，解决矛盾才是王道。此时，为了所谓的面子与对方争个面红耳赤着实不应该，而过于退让又会使自身心情无比郁闷。所以就需要寻找一个平和的处理方式，这也是人们最为关心的事，冷幽默应首当其冲。

说起能够利用冷幽默化解尴尬的人，丘吉尔无疑是其中典范。

第一次世界大战爆发前不久，美国出生的女权主义者南希·阿斯特到布雷尼宫拜访了丘吉尔。丘吉尔热情地接待了她。在交谈中阿斯特大谈特谈妇女权力问题，并恳切希望丘吉尔能帮助她成为第一位进入众议院的女议员。

丘吉尔不同意她的观点，使这位夫人大为恼火。她对他说："如果我是您的妻子，我会在您的咖啡里下毒药的。"

丘吉尔温柔地接着说："如果我是你的丈夫，我就会毫不犹豫地把它喝下去！"

"二战"期间，丘吉尔发表演说，力主与苏联联合抵抗德国。一位记者问他为什么替斯大林讲好话？丘吉尔毫不在意地说："假如希特勒侵犯地狱，我也会为阎王讲话的。"

这里，我们以丘吉尔的说话艺术为例，并不是我们偏爱这位英国前领导人，而是因为其出色的幽默能力，使其他人都黯然失色。在这两种情况下，如果他不具备不急不躁的心态，不具备机智、敏锐的思维而与对方针锋相对的话，那么，只会引发更深层次的矛盾。

丘吉尔这样处理的好处在于，由表及里，举一反三，巧妙回击，将对方强有劲的攻势以一句轻松、幽默的语言进行回馈，言语间不带任何负面情绪，含笑回答，使对方哽噎无言，黯然理亏，顿生无趣。一场矛盾陡然化解，双方关系也不至于撕破脸皮甚至决裂。

当然，幽默的运用，需要语言的掌控，需要机智的变化，需要不急不躁的心态，需要笑含春风，这样才能发挥极大优势，保护自己，回击对方，也为后续发展留有一定的余地。

顺水推舟，幽默解除危机矛盾

在现实的人际交往中，人与人之间避免不了会发生碰撞和摩擦，产生矛盾也就在所难免，此时，如果我们能顺水推舟，由着别人的意思顺延下去，那么，常常会制造出幽默并且有"柳暗花明又一村"的效果，让他人"误入歧途"。

德国大诗人海涅是犹太人，他常常会因此遭到无端攻击。

一次晚会上，一个旅行家对他说："我发现了一个小岛，这岛上竟然没有犹太人和驴子！"

海涅不动声色地说："看来，只有你我一起去那个岛上，才会弥补这个缺陷！"

这位旅行家本意是取笑海涅的犹太人身份，结果却被海涅顺水推舟，讽刺旅行家就是岛上所缺少的驴子。整个谈话过程中，海涅没有说一句指责之语，却让对方十分难堪，这可谓是顺水推舟的较高境界了。

> 生活中如果没有哲学还可以对付过去，若是没有幽默，那就只有愚蠢的人才能生存。
> ——俄国作家普里兹文

一天，一个大学刚毕业的年轻人来到一家著名企业应聘。乍一看他与其他应聘者一样普通，但仔细观察可以发现，他的脸上透露出一股罕见的自信和胸有成竹的微笑。

年轻人来到面试大厅，看到面试官已经在收拾东西了。他只盼着赶紧面试完最后一个人，好快点下班回家休息。

面试官瞥了年轻人一眼，便面露难色地说："不好意思，我们不能雇用你了。因为这里已经有足够多的职员，我们连他们的名字都登记不完。"面试官想让年轻人知难而退，却没想到，年轻人气定神闲地说："既然如此，那我看你们还缺少一个职位。不如您安排我做这份工作，我来专门为您登记职员们的名字。"

面试官听了，吃了一惊，他没想到这个其貌不扬的年轻人居然能一语惊人。他马上放下正在收拾的东西，认真地询问起年轻人的情况。最后，这个年轻人凭借着自己风趣的谈吐和自信的风度，成功进入了这家知名企业。

生活就像巧克力，没有人知道下一颗是什么味道。就像故事中的年轻人一样：即使被拒绝，也没什么大不了的。面对看似没有希望的处境，多一点自信和幽默，你就能把别人给你出的难题顺水推舟地还给对方，用幽默的话语让对方对你刮目相看。

要利用顺水推舟的方法制造幽默，从而解除危机和矛盾，有时候还可以以与自己相关的生活理论做"挡箭牌"，符合逻辑，轻松扳倒对方。

一位厨师向一位作家提了一些建议，希望他在之后的写作过程中加以改正。

作家对厨师说："你没从事过写作，没有权利对我的作品提出批评意见。"

厨师对作家说："我一辈子也没下过蛋，可是我能尝出炒鸡蛋的味道如何，母鸡能吗？"

厨师根据自己的实践经验和理论，顺着作家的话进行反驳。以此类推，作家写书，就如同下蛋的母鸡一样，厨师品书，就如同品尝鸡蛋的客人一样。"母鸡"不知道"蛋"的滋味，而品尝的客人却能够尝中其中的百味。既阐明了道理，又让作家哑口无言。

善用幽默，缓和激烈的火药味

生活中，在很多场合下，我们常常会看到这样一种情况，交谈的双方因为意见不合、观点的对立、一些误解的产生或者交谈不投机等而使现场气氛凝重、尴尬，甚至导致当事者之间火药味浓烈。此时，幽默就是缓和气氛、缓减对立的最好办法。我们经常看到那些蓄势待发的"战争"很轻松地被某些幽默乐观的人三言两语的化解了。因为此时，恰当地运用幽默往往能调节气氛，使紧张严肃的情境乃至僵局变得轻松、活泼、自然，从而减少双方的对立情绪。

小志和大刚都是刚进公司的小青年，小志血气方刚，容易冲动，大刚则比较沉稳，具有幽默感。一次，两人在工作中发生了摩擦，小志怒气冲冲地将大刚拉到办公室外面的走廊里，嚷着要找个时间选个地方跟大刚决斗。

大刚说："单挑我可不怕你。不过，时间、地点和武器要由我决定。"

小志点头同意了。

大刚说："时间就是现在，地点就在走廊里，武器用空气。"

小志一愣，然后哈哈大笑，怒气顿时消退了。

现实生活中常常不乏令人碰得头破血流仍然得不到解决的问题，但是，如果来点幽默，却往往会迎刃而解，化干戈为玉帛。案例中大刚以幽默玩笑的方式来缓解矛盾，缓和了与小志间的紧张形势，营造出一种友好和谐的气氛，也就缩短了双方的心理距离，削弱了对立感，即使对方把弦绷得很紧，处在"一级战备"状态，也会作出相应热情的反应。

有时，面对一触即发的争辩，不妨适时叫个"暂停"，使双方冷静一下，再运用你的幽默使得双方达到和解。

1895年夏天，美国著名作家马克·吐温与朋友比杰尔夫人就有无灵魂问题发生了激烈的争论。最后,谁也说服不了谁。比杰尔夫人讥讽地说:"我的朋友,如果过了一百万年以后,我们又在天堂上相见了,你是否肯承认自己的不对呢?"马克·吐温见比杰尔夫人有点生气了,便没有再多说什么。

第二天,马克·吐温派人给比杰尔夫人送去了三块小石头,石头上刻着他新写的诗句,分别是:"如果过了一百万年,事情证明你对,而我不对,那么,我将公开地、坦率地、勇敢地面对着你那可爱的、带着嘲笑的小脸,承认自己的错误";"如果竟是我对,那我会感到遗憾,因为你我已无法对证";"呵!有耐性的石头,你已经待过好几百万年了,就带着这封信再待上一百万年吧"。比杰尔夫人收到这三块石头后,她被马克·吐温的幽默打动了,前日的不快一扫而空。于是,这个关于灵魂的辩论就此打住。比杰尔夫人和马克·吐温依然是一对挚友。

朋友之间难免会有不同的看法、观点、意见,有些问题一时很难分清是非曲直。当遇到争论时,不妨学学马克·吐温,用幽默来化解矛盾和纷争。

幽默的力量能给人以友爱与宽容,用幽默来使自身乐观、豁达,面对生活中的摩擦,我们不妨用幽默去应付和化解它。

幽默调解，淡化对立情绪

人浮于事，人际交往是一生的主题。由于人是社会中的人，不是独立的个体，任何人都不可能割裂社会大框架的联系而独立存在，因此，人与人之间也就避免不了碰撞和摩擦，有了矛盾和摩擦，如果得不到及时解决的话，往往会使双方积怨加深，妨碍彼此间的正常关系。这时，就需要摩擦外的第三者去调解，使其关系融洽。

作为矛盾之外的第三者，我们可以借助幽默的力量消除误解，平息纷争，这样的人，定会受到他人的欢迎和喜爱。凡具幽默感的人，所到之处便充满欢乐与融洽的气氛。

某公交车上，人群拥挤，熙熙攘攘一位老人和一个年轻人发生了一点小矛盾。老人火气很大，扯着嗓门大骂："一个毛头小子，还乳臭未干呢，你爸妈没教你要尊重老人？"年轻人也不甘示弱，回了一句："你这个人讲不讲文明？"这下矛盾被激发了，老人一发不可收拾，叽里哇啦骂了一大堆。周围人都劝年轻人要大度点，不要和老人计较。小伙子脾气也算不错，后来就没吭声，大家安静了片刻。

过了会儿，老人从小伙子后面挤上来，一边挤一边唠叨，"门口堵着就文明啦？不走进去才叫不文明……"于是两人又吵起来。周围劝架的声音是不少，但是没起作用的，反而更有火上浇油的气势。

这时一位女乘客说："哎哟，你们两个不要吵了。我在你们中间，你们俩你一句我一句，我在中间吃你们的唾沫星子都吃饱了。"

这位女乘客的一句玩笑话，既没有表明对谁偏袒，又说出了他们吵架的不良影响，话中有理，逗得满车的人大笑，在笑声中战争的硝烟慢慢地熄灭了。

类似的例子在生活中不算少数。无论我们是否是事件的当事人，当双方"剑拔弩张"的时候，你不妨站出来，说一句轻松幽默的话，让双方都暂时忘记矛盾，被你的幽默所吸引，被你的幽默感折服，还有这样一个例子：

有一次，一对夫妇不知为什么吵了起来，这时儿子跑过来说："停，不要吵了，都听我的。"爸爸妈妈心里暗喜：儿子大了，知道给爸爸妈妈劝架了。可没想到他手一挥说道："预备，吵！"

儿子如此乖巧可爱，在大人之间制造笑料，还有谁愿意继续吵呢？适时制造幽默，引对方发笑，架则不吵自灭。

一对青年夫妻为了一点小事在户外吵了起来，眼看就要大动干戈的时候，邻居李大叔拿着一把雨伞走到那对夫妻身旁，然后把雨伞撑开看着他俩吵架。见此情景，那对正在争吵的青年夫妻停了下来，用惊奇的语气说："李大叔，这么好的天气你打雨伞干什么？"

李大叔一本正经地说："当然是躲雨喽。刚才(你们脸上)乌云密布，（嘴里）雷声轰隆，待会肯定会下大雨。"

李大叔幽默的话语和滑稽的行为,把那对夫妻逗得哈哈大笑,火气顿时消了下去,"硝烟"被幽默驱赶得无影无踪。

由此可见,幽默在缓解对立情绪的氛围中有着神奇的效果。的确,我们每个人在社会生活中都不可避免地与别人接触,个人的、团体的,或为荣誉,或为金钱,或为地位,或为自由……这样,你也就不可避免地会参与各种社会生活中,矛盾与冲突也就不可避免地出现,此时,如果作为第三者的我们能懂得适时幽默,可以缓和紧张形势,制造友好和谐的气氛,从而缩短争执双方的距离,淡化对立情绪,甚至会化敌为友,加深感情。

下 篇
妙用心理学，发挥幽默的才气与灵气

美国著名的管理心理学家芭芭拉·马考夫博士说过："幽默能将我们带离痛苦的感受，帮助你说出难言之事，并且使你在棘手的情况下成功地找到航向。"简单的话语，淋漓尽致地道出了幽默的实用智慧。结合心理学运用幽默，必将使我们的生活充满欢乐。

幽默心理学

第九章

幽默劝诫，让说服变得轻松

在日常交际中，有时候我们需要为了说服对方而绞尽脑汁，如何才能让对方心悦诚服呢？说教性的大道理让人望而生畏，而劝诫式的小幽默往往容易引起人们的共鸣，从而让人更容易接受。在说服中，多用一些幽默的语言，会让艰难的思想工作变得轻松，让固执己见的人笑纳意见。

幽默说理，让劝诫更易接受

在生活中，很多时候需要劝诫他人，但无论是苦口婆心，还是讲大道理，所带来的劝诫效果都是细微不显著的。希望自己所说的话能被别人听进去，而且能够达到劝诫的目的，那肯定需要运用幽默说理。特别是我们所劝诫的对象有可能是我们的上司或长辈，如果说话太过直接，那就可能驳了对方的面子，使他们在心理上产生抵触情绪，劝诫的目的也不会达到。因此，在这种情况下，不妨利用诙谐幽默，以轻松愉快的形式，将道理表达出来，使人从喜悦和谐的氛围中幡然醒悟。

在诙谐中轻松说理的幽默术的特点，即是以轻松愉快的形式，诙谐风趣的语言，表达庄重严肃的道理，使人在喜悦和谐的氛围中，接受道理，心悦诚服，同时还可从中表现出你强烈的幽默感。

汉武帝是一位具有雄才大略的皇帝，在文治、武功、才略方面都有突出成就，但美中不足的是，他十分怕死，非常热衷于研读长生不老之类的学说，对相术之类的东西更是深信不疑。朝中的大臣十分反对他的做法，但又慑于他的权势而不敢言。

一天，在朝会上，汉武帝议论"寿相"时对大臣们说："依我看，《相书》中有一句话很有道理：'人是否长寿，只要看看鼻子和嘴之间的人中长短。人中如果长一寸，就可以活一百岁'。"

群臣们沉默不语，东方朔听后却不由得笑了起来。

汉武帝认为他是在嘲讽自己，顿时龙颜大怒，问道："东方朔，你是在嘲笑朕吗？难道朕说得不对？"

东方朔连忙从群臣中走出来，跪在地上，说："启奏陛下，微臣哪里是笑陛下，只不过是笑彭祖的脸长罢了。"

汉武帝不明白是怎么回事，便问："这与彭祖有什么关系？"

东方朔说："传说彭祖活到800岁，如果《相书》真的很准，那么按人中长一寸寿百岁推算，彭祖的人中应有八寸长，如此一来他的脸岂不是有一丈

下篇 妙用心理学，发挥幽默的才气与灵气

多长了？微臣想到长寿之人竟是这般模样，就忍不住笑了起来。"

汉武帝听罢思索了一会儿，也不禁大笑起来。从此以后，再也不提相术之类的事了。

东方朔一句击中要害，使发怒的汉武帝由怒而笑，也使其在笑声中认识到了迷信相面的可笑之处，的确达到了在诙谐中劝诫的幽默效果。

在苏州狮子林内，有一座乾隆御笔题的真趣亭。传说，有一次乾隆皇帝南巡，新科状元黄熙陪他游苏州园林之一的狮子林。乾隆皇帝看到迷人的建筑风景，一时雅兴大发，唤侍从端来笔砚，乘兴写下"真有趣"三个大字，之后让手下人拿去装裱，准备把这几个字作为园林的匾额。

状元黄熙在旁一看，觉得字虽好，但不免俗气了些，有意劝皇帝将"有"字去掉，但又怕自负刻薄的乾隆爷龙颜大怒，不仅不听劝，说不定连自己新得的状元也保不住。只好暂时忍住，准备等待时机再向皇帝进言。乾隆皇帝游园兴致越来越高，看上去不会因为一点小事而生气，黄熙觉得时机到了，便跪下对乾隆皇帝说："适才圣上题的字苍劲浑厚，意蕴高古，让学生十分佩服，叩请圣上把中间的'有'赐予学生，让学生可以每日观摩临习！"

乾隆一听便明白了其用心，心里想："好个黄熙，他明明是在告诉我这个字用得不好，但又怕伤了我的面子，便用这种方法来提意见，也算得上费尽一番苦心了。"于是就顺水推舟，当场命人剪下"有"字，只留下"真趣"二字。乾隆离开苏州后，地方官赶忙在此建造一座亭子，来讨乾隆皇帝欢心，并以"真趣"二字为名，称真趣亭。

下属向上司提出建议和意见也是应尽的责任。但是，有些人在进谏的时候方式僵硬，认为向上司提意见就一本正经，直言不讳，最后惹得上司不快，即使接受了自己的建议，却也是不欢而散。所以有时我们可以学学东方朔和黄熙的方式，从侧面入手，以幽默为细节，把话说到人心里，而又不会引起上司的反感，这不失为明智之举。

第九章 幽默劝诫，让说服变得轻松

幽默地对他人进行劝导

劝导,在我们工作、生活中随处可见。它犹如一盏明灯,使知识欠缺者增加见闻;它像一座警钟,使濒临深渊者迷途知返;它又好比一副清醒剂,使思想偏激者冷静思考;它更是一座友谊的桥梁,有助于交流双方的沟通和理解。

有位贪吃的太太,每天各种食品不离口,当然导致消化不良。她拖着肥胖的身体去求医,医生问明缘由点了点头,她问:"开点什么药最好?"医生除了开点助消化的药外,对她说:"我把塞万提斯的一剂名药也送给您吧。"胖太太很高兴:"太好了,是什么开胃药?"医生说:"饥饿是最好的开胃药。"胖太太会意地笑了。

> 幽默是一朵永不凋谢的智慧之花。
> ——秦牧

每一位女士,应该都不能接受一个"胖"字,这对她们来说是一种心理负担。故事中的医生用幽默的方式间接地劝导胖太太,避免了涉及与"胖"有关的话题,取得很好的劝导效果。要想劝导成功,除了手中有理之外,还要求方法要正确、巧妙,如巧用幽默、丝丝入扣、娓娓道来,则更能深入人心。

南唐的时候,税收很繁重,京师地区又连年大旱,百姓民不聊生。一次,烈祖在北苑大摆筵席,对群臣说:"外地都落了雨,单单京城里不落雨,不知是什么缘故?"申渐高很幽默地说:"雨不敢进城来,怕抽税呀!"烈祖不禁大笑起来,随即废除了苛捐杂税。

申渐高言语幽默，将税收过重的害处揭示得淋漓尽致。这对烈祖来说无疑是一副清醒剂，让烈祖在笑声中醒悟过来。幽默地劝导别人，要尽量顺着对方的意思说，使对方领悟到你是自己人，从而乐于听你的话，接受你的观点，劝导取得成功的可能性就更大。

正话反说，促人醒悟

说出来的话，所表达的意思与字面完全相反，就叫正话反说。如字面上肯定，而意义上否定；或字面上否定，而意义上肯定。这也是产生幽默感的有效方法之一。使用这种方法能够在不直接指明对方错误的基础上，使他们自我反省并认识自己的错误。

有一则宣传戒烟的公益广告，上面完全没提到吸烟的害处，相反的却列举了吸烟的四大好处：一、节省布料：因为吸烟易患肺痨，导致驼背，身体萎缩，所以做衣服就不用那么多布料；二、可以防贼：抽烟的人常患气管炎，通宵咳嗽不止，贼人以为主人未睡，便不敢行窃；三、可防蚊虫：浓烈的烟雾熏得蚊虫受不了，只得远远地避开；四、永葆青春：不等年老便可去世。

这里说的吸烟的四大好处，实际上是吸烟的害处，却正话反说，显得很幽默，让人们从笑声中悟出其真正要说明的道理，即吸烟危害健康。

正话反说的幽默技巧当然不只可以用到广告宣传中，在面对面的交流中，这种幽默技巧也有广泛的使用空间。

英国首相丘吉尔为了参加演讲，超速开车，以致被一名年轻警员逮住了。"我是丘吉尔首相。"丘吉尔不慌不忙地说。"乱说，你一定是冒牌货！"警官这么一说之后，大英帝国的首相谢罪了。他说："你猜对了！我就是冒牌货！"

这么一来，警官面露微笑，放过了这位世界上著名的伟人。

丘吉尔在一本正经表明身份的时候,被警官怀疑。然后,他就换了一种方式,正话反说,这样反而使警官摸不清虚实,使得警官抱着一种"宁可信其有,不可信其无"的心态放过了他。

当我们需要表达内心的不满时,也可以使用正话反说的幽默技巧,让别人听起来顺耳一些。例如:

杰克和他的恋人想喝咖啡,但端上来的咖啡差不多只有半杯,这时杰克笑嘻嘻地对咖啡店主人说:"我有一个办法,保证叫你多卖出三杯咖啡,你只需把杯子倒满。"

杰克巧妙地运用正话反说的幽默来表达失望感,却不致给对方带来难堪。也许杰克并没有喝到满满一杯咖啡,但杰克一定会得到友善、愉快的服务,咖啡店主人或许还会请杰克下次再光临该店。

这种正话反说的幽默技巧不仅被今人广泛使用,其实古人中的智慧者很久以前就已经能够成熟运用这技巧了。

秦朝的优旃是一个有名的幽默人物。有一次,秦始皇要大肆扩建御园,多养珍禽异兽,以供自己围猎享乐。这是一件劳民伤财的事,但大臣们谁也不敢冒死阻止秦始皇。这时能言善辩的优旃挺身而出,他对秦始皇说:"好,这个主意很好,多养珍禽异兽,敌人就不敢来了,即使敌人从东方来了,下令麋鹿用角把他们顶回去就足够了。"秦始皇听了不禁破颜而笑,并破例收回了成命。

优旃的话表面上是赞同秦始皇的主意,而实际意思则是说如果按秦始皇的主意办事,国力就会空虚,敌人就会趁机进攻,而麋鹿用角是不可能把他们顶回去的。这样的正话反说,因为字面上赞同了秦始皇,优旃足以保全自己;而真正的含义,又促使秦始皇不得不在笑声中醒悟,从而达到了他的说服目的。

下 篇
妙用心理学，发挥幽默的才气与灵气

转换角度，劝导也能妙趣横生

幽默是制造笑声的，有幽默出现，就会有笑声出现。当然，幽默绝不排斥批评与揭露，幽默的与人为善原则恰恰就体现在批评与揭露之中。只不过幽默的批评与揭露是含蓄的，带着更多的情趣在内，因此它与直截了当的批评和一针见血的揭露是有相当明显的区别的。

作家威廉·戴维斯曾经说过："我喜欢的幽默，是能使我发笑5秒钟而沉思10分钟的那一种。"确实，将严肃的事情用轻松的方式来表现的幽默，最能够达到劝导和说服别人的效果。强势的管理作风往往容易产生反效果，反倒是幽默劝导的方式最容易收服人心。

马来西亚的罗西市风景优美，游客众多，在公路的入口处，矗立着这样的标语：

"欢迎各位游客和司机朋友光临本市！车速不超过40公里，您可以饱览本市的优美景色；车速超过70公里，法庭欢迎您前来做客；车速超过90公里，本市设施完备的急救医院随时恭候您的光临；车速超过120公里，上帝会接见您的，阿门！"

这则标语的意思是十分明显的，就是"禁止超速行驶"，但它并没有生硬地把这样的意思写出来，就像我们在马路边常见的那些标语一样。它有意列举了超速行驶所造成的几种后果，语言风趣幽默，使批评的意味淡化了，攻击的力度钝化了。与此同时，它却增加了表达的情趣，就像一个好朋友在与我们娓娓谈心一样，说得委婉动听，同时对来往的司机进行了心理暗示，司机看到这个幽默的提醒，不知不觉地把车速放慢，小心开车。不用说，这比在警告牌上直接写"超速，罚一万！警察局启"有效得多。

事情往往是具有两面性的，但是人们总是只看到其中的一面，这就是习惯思维的力量。但是，"尺有所短，寸有所长"，就是因为人们看问题的角度发生了转变的原因。转换角度，你会发现平淡中的神奇，悲哀中的幸福，

第九章 幽默劝诫，让说服变得轻松

枯燥中的幽默。

纽约一个儿童游乐园大门口的牌子上写着："成年人必须在孩子的陪同下，方可进入。"

柏林一家花店门口写着："送几朵花给你所爱的女人——不要忘了你太太。"

瑞士某旅游胜地的告示牌上写着："爱花的人，让花留在山上吧。"

伦敦一家旅馆在所有房间里贴有这样的告示："客人们，请把你的歌藏在心底，因为我们的墙壁，并非像你想象的那样厚实。"

加拿大阿尔伯特州某公园入口处一告示牌："请不要打扰里面的鸟，它们在此避难。"

墨西哥一边境小城的入口处，悬挂着一则醒目的交通告示："请司机注意：本城一无医生，二无医院，三无药品。"

坦桑尼亚曼拉湖国家公园对不文明的游园者，以小诗相劝："不要招人说，这人真可恶，是他将美丽的环境弄脏，到时，你的脸往哪儿搁？"

我们可以看出，只要换个角度来劝诫，就能让话语既充满乐趣，又更容易让人接受，比起那些一本正经的警示语有意思多了。事实上，生活中许多不好讲的事一旦换个角度来说，其面貌就会焕然一新，妙趣横生。

间接幽默，含蓄中传达道理

人们常说"良药苦口利于病，忠言逆耳利于行。"但实际上，并不是所有人都能接受逆耳的忠言，过于直白生硬地说服往往令人在心理上很难接受。因此，我们在说服别人时，应该尽量运用间接的说服方式，含蓄地传达道理，这样不仅可以让对方乐于接受我们的说服，而且也会给我们的说服留有回旋的余地。

在一家高级餐馆里，一位顾客坐在餐桌旁，很不得体地把餐巾系在脖子上。餐馆的经理见状十分反感,叫来一个服务生说:"你去让这位绅士懂得,在我们餐馆里,是不允许那样做的。但话要尽量说得和气委婉些。"服务生接受了这项任务,来到那位顾客的桌旁,有礼貌地问:"先生,你是想刮胡子,还是理发?"那位顾客愣了一下,马上明白了服务生的意思,不好意思地笑一笑,取下了餐巾。

这个小故事中的服务生是十分机智的,试想,如果他直接指出来:"你又不刮胡子,又不理发,为什么要把餐巾系在脖子上",就显得生硬不友好,直白地表达让顾客面子上过不去,很容易激起反感、对立情绪,甚至顾客可能会拂袖而去,给餐馆造成经济和名誉上的损失。而服务生选择以幽默的方法把自己的意思隐藏起来,留给顾客做出正确的判断:刮胡子和理发需要把毛巾系在脖子上,现在既不是刮胡子又不是理发,所以不应该把毛巾系在脖子上。他既表达了自己的观点,又礼貌地暗示出顾客有失体统之处,圆满地完成了经理交予的任务,交际的效果是积极的。

在人际交往中,每个人都希望自己能拥有顺畅的人际关系。但是,当人们在企图说服别人做某事时,往往会很冲动地把自己的想法赤裸裸地表达出来,这样,自己的意见就很容易引起他人的疑虑或阻挠,无法达到预期的效果。

事实上,用大声吼叫或急促说话的方式来"降服"对方的情景随处可见,但这种方式往往很难获得成功。我们经常看到许多气势强硬的人摆不平的事情,却被某人三言两语的玩笑话化解了。这就是说话幽默、风趣的人往往比一般人更具感染力的原因。

第九章 幽默劝诫,让说服变得轻松

现代社会是一个注重沟通技巧的社会，相比咄咄逼人的说教，人们更愿意听到幽默的、让人发笑的劝解辞。正如某位名人所说："当我们需要把别人的态度从否定改变到肯定时，幽默的语言具有说服效果，它几乎是一种最有效的处方。"

一位居民向所居住小区的管理员反映楼上的小伙子生性好动，晚上也不闲着，影响他的睡眠。若直接去找，又怕小伙子不高兴。

小区管理员就在一次和小伙子闲谈时讲了一则笑话来暗示他：有个老头老失眠，每晚都很难入睡，而楼上住了一个经常上晚班的小伙子。小伙子每天下班回家，双脚一甩，鞋子"噔""噔"两下，重重地落在地板上，每次都将很不容易才入睡的老头惊醒。老头向小伙提了意见，小伙子表示接受。当晚小伙子下班回来，习惯性地甩出了一只鞋，刚甩出第一只鞋后，他马上意识到不应当，便轻轻地脱下了第二只鞋。第二天一早，老头埋怨小伙子说："你一次将两只鞋甩下，我还可以重新入睡，你留下一只没有甩，害得我等你甩第二只鞋等了一整夜呐！"

管理员的笑话才说完，小伙子就明白笑话是有所指的，意识到自己的不足之处。他表示以后一定会注意，从此小区里安静多了。管理员用这种方法巧妙地暗示小伙子，取得的效果远比直接告诉他晚上要安静，不要打扰别人休息要好得多。

心理学家指出，当信息与好心情联系在一起的时候，它们会具有更强的说服力。因为，好心情有利于个体进行积极的思考，更快地做出决定，而且你的说服也更容易发生效力。所以，当你想说服某人时，不仅要选择幽默的方式，同时也要设法使你的听众有个好心情。

生活中，人们常说的一句话是："有话你就直说吧！"但事实证明，并非所有的"直说"都能够被接受，有时候直说是要分场合和时间的，特别是在指出别人不足或者请求别人帮助时。倘若能利用幽默夸赞的方式进行沟通，把所要表达的想法蕴藏其中，那么其传达的信息在笑声中会更容易被接受。

第十章

诙谐风趣，幽默让友情更加深厚长久

美国著名企业家史度菲曾说："世界上最美妙的声音就是笑声，它比任何音乐或娓娓悄语都美妙，谁能使他的朋友、同事、顾客、亲人们发出笑声，那么，他就是在弹奏无与伦比的音乐。"在生活中，学会巧妙地运用幽默，可以为朋友间的交往增添情趣，增加彼此的信任度，让友情更加深厚长久。

交友不难，幽默的人容易接近

俗话说：在家靠父母，出门靠朋友。能够多交一些朋友，常与朋友交谈、聊天，就会心胸开阔，信息灵通，心情开朗；也能取人之长，补己之短。遇到烦恼的事情，朋友可以安慰你；遇到什么难题，朋友可以帮你出主意；有什么苦衷，也可以向朋友倾诉一番；遇到什么喜事和值得高兴的事，可以和朋友说说，分享快乐。

在拥挤的公交车上，即使身体互相挤压，人们之间一般也无话可说。可是有这么一个人他突然就耐不住寂寞了，他说道："喂，各位，大家都吸一口气，缩小些体积，我挤得受不了啦，快成照片了！"大家就一起笑起来。

陌生人之间都变得亲近起来，交流便由此开始了。

要找到志同道合的朋友并不是一件容易的事情。交友难，其实难就难在交友的方法上，幽默交友不失为一种有效的方法。陌生的朋友见面，如果幽默一点，气氛将变得活跃，交流会更顺畅。

> 并不是每个人都能具有幽默态度。它是一种难能可贵的天赋，许多人甚至没有能力享受人们向他们呈现的幽默的快乐。
> ——弗洛伊德

两辆轿车在狭窄的小巷中相遇。车停了下来，两位司机谁也不准备给对方让道。

对峙了一会儿，其中一个拿出一本厚厚的小说看了起来，另一个见了，探出头来高声喊道："喂，老兄，看完后借我看看啊！"

逗得看书的司机哈哈大笑，主动倒车让路。另一个司机则在车开过了小巷之后主动与看书的司机交换了名片，并真的向他借书看。

两人的家离得本就不远，后来两人就成了很好的朋友。

上面故事中向人借书看的那位司机真是将幽默的交友艺术发挥到了极致，因为本来用幽默的话语将矛盾的热度降低到零点，把车开出小巷之后就

下篇 妙用心理学，发挥幽默的才气与灵气

已经达到了目的，他却没有就此停止，而是通过进一步的幽默将两人发展成朋友关系。所以，当我们与陌生人发生冲突的时候，如果能幽默一点，大度一点，矛盾应该可以化解，敌意也能变成友谊。

朋友间的幽默，方式很多，只要"幽"得开心，"默"得可乐就可以了。

法国作家小仲马有个朋友的剧本上演了，朋友邀小仲马同去观看。小仲马坐在最前面，总是回头数："一个、两个、三个……"

"你在干什么？"朋友问。

"我在替你数打瞌睡的人。"小仲马风趣地说。

后来，小仲马的《茶花女》公演了。他便邀朋友同来看自己剧本的演出。这次，那个朋友也回过头来找打瞌睡的人，好不容易才找到一个，说："今晚也有人打瞌睡呀！"

小仲马看了看打瞌睡的人，说："你不认识这个人吗？他是上一次看你的戏睡着的，至今还没醒呢！"

小仲马与朋友之间的幽默是建立在一种真诚的友谊的基础之上的，丢掉虚假的客套更能增进朋友之间的友谊。

可见，交朋友要以诚为本。朋友之间要以诚相待，互相关心，互相尊重，互相帮助，互相理解。爱人者人恒爱之；敬人者人恒敬之。关心别人，才会得到别人的关心；尊重别人，才会得到别人的尊重；帮助别人，才会得到别人的帮助；理解别人，才能得到别人的理解。

掌握了幽默的交友技巧，我们的朋友就会遍布天下，陌生人会变成新朋友，更多的新朋友将变成老朋友。面对老朋友，我们将没有隔膜，无话不谈：过去的趣事、将来的打算、工作中的得意、家庭里的烦恼都可和朋友一起分享。

开个小玩笑，让友谊更坚固

我们在与朋友交往的过程中，难免也会出现尴尬的局面，甚至是彼此不快的情况。如果不加理睬，任其发展，朋友之间的友谊就会受到伤害。这种时

候，如果适时地来点幽默，就会很容易地让朋友间的误会与尴尬烟消云散。

德国著名诗人海涅有一次收到远方朋友路易的来信，他拆开信封，发现里面竟是一沓厚厚的白纸，一层一层地包着。他拆开一层又一层，直到第十几层，才发现里面有一张很小的纸条，上面郑重其事地写着一句话：

"亲爱的海涅：最近我身体很好，胃口大开，请别挂念。你的朋友路易。"

过了几天，这个叫路易的朋友也收到了海涅寄来的一个很大很沉的包裹。他不得不叫人帮忙才把包裹抬进屋里，打开一看，竟是一块大石头，上附一张卡片，写着：

"亲爱的路易，得知你身体无恙，我心上的石头终于放了下来，今天寄上，望你留作纪念。你的朋友海涅。"

朋友之间的适当玩笑可以有效地增进友情。在这个故事里，路易的信虚张声势，故弄玄虚；海涅的回信形象真切，滑稽逗人。无疑在相互捉弄中，两人的友谊联系得更紧密了。

朋友，其实就是能给你帮助和鼓励的人。在与朋友交往的过程中，很多时候需要诉说衷肠，但时间久了也不免觉得厌倦，而朋友间适时的玩笑，则可以增进彼此的了解与感情。

古时候，有一个叫佛印的和尚和苏东坡交往颇深，这两人也是毫无顾忌地互开玩笑。

这位佛印和尚和苏东坡一起喝酒吃肉，百无禁忌，完全不受佛门清规戒律的束缚。

有一次，佛印听说东坡要到寺里来，就赶紧叫人烧了一盘苏东坡爱吃的红烧酥骨鱼。鱼刚刚做好，东坡也正好到了门外。

佛印听到苏东坡的脚步声，眼睛一转，想跟他开个玩笑。正好旁边有一只铜磬，于是，他顺手就把做好的鱼藏进了这个磬中。

而苏东坡在门外就闻到了鱼的香味，满以为又有鱼肉吃了。但是，进来一看，饭桌上没有鱼，而香案上的铜磬却倒扣着，于是他一下就明白了，但

下 篇
妙用心理学，发挥幽默的才气与灵气

却装作不知道。他一坐下来就开始唉声叹气，一副闷闷不乐的样子。

这是怎么回事呢？佛印感到奇怪了。他知道东坡素来就是个乐天派，笑口常开，今天怎么这么反常啊？不由得关切起来："大诗人，为何愁眉不展呀？"

苏东坡叹了口气回答说："唉！你有所不知，早上有人出了一个上联，要我对下联。整整想了一早，才对出四个字，所以心烦。"

佛印半信半疑地问："不知上联怎么写？"

"向阳门第春常在。"

佛印听了心中好笑，这副对联早已老掉牙了，谁人不晓，莫非他想存心耍我？想着佛印就想静观其变，且看他葫芦里卖的什么药，于是他也装作若无其事地往下问："那么，对出哪四个字呀？"

"积——善——人——家"东坡故意一字一顿地念出来。

佛印不假思索地大声接着说："庆——里——有——余"东坡忍不住哈哈大笑说："既然磬（庆）里有鱼（余），为什么不早拿出来尝尝呢。"直到这个时候，佛印才知道中计了。这个小插曲让两人抚掌大笑开怀畅饮。

苏东坡运用谐音的方法，点出了佛印将鱼藏在磬里的小把戏，让气氛变得快乐、融洽的同时，也让佛印感觉到了这位文学家信手拈来的智慧和与自己的友情之深。可见，知己好友间的玩笑、戏谑，不仅可以增添情趣，还能加深彼此间的默契，增加彼此的信任度，让友谊地久天长。朋友之间的交谈应该是轻松自然的，充满温暖和坦诚，谐趣和欢笑，即使是嘲讽的话，也洋溢着暖暖的温馨。

大科学家爱因斯坦非常钦佩幽默大师卓别林。一次，他在给卓别林的信中写道："你的电影《摩登时代》，世界上每个人都能看懂，你一定会成为一个伟人。"

卓别林回信说："我更钦佩你，你的相对论世界上没有人懂，但你已经成为一个伟人了。"

爱因斯坦的信中除了对卓别林的夸赞，还暗含讥笑《摩登时代》寓意过

于简单,"每个人都能看懂"的意思;卓别林也不甘示弱,巧妙地顺着来信的"赞美语",自然得体地反过来回敬了对方。想必爱因斯坦看到回信时,一边忍俊不禁,一边沉浸在两人之间美妙的友谊中。

都说"君子之交淡如水",但谁不希望能有几个颇具情趣的朋友,来增添自己的生活乐趣呢?但不要强求别人,如果身边的朋友都是不苟言笑的人,不妨从自己做起,主动把幽默的情趣带给他们,渐渐地,朋友们也会被你感染的。

人生在世,犯错误在所难免。我们在犯错时,真诚的朋友都会坦率地指出我们的错误。向朋友指出错误的动机是好的,但是这种行为需要掌握好分寸,如果是过分地挑剔,肯定会使朋友感到厌烦。让朋友接受意见的关键,是让朋友感觉到你的真诚之心。

贝尔克出版了第一本书,他得意地在朋友面前炫耀:"你看过我的书吗?是一本很好的书,里面有很多新颖又正确的见解!"

"我看过了,"朋友开玩笑似的回应他,"而且,我和你有同感。只是非常遗憾,你书中的观点,新颖的不太正确,正确的基本上都不新颖。"

贝尔克听了朋友的话,虽然有点受挫,但也知道朋友是一番好意,于是虚心接受了朋友的意见。朋友面对贝尔克的吹嘘并没有直接否定,而是用玩笑式的语气跟他调侃。在肯定其内容新颖和正确的同时,为其指出了缺点。这种委婉的批评不但能使贝尔克接受,还能让他从中看出自己的真诚,增进彼此友谊。

善于调侃,给别人戴顶高帽子

我们每一个人都巴不得别人说自己好,这可以说是人的共性。

其实,人都是有双重性的,对有的人而言,你可能是个冷漠的人,但对另外一些人而言,你可能又是个热情的人了。

因此,站在人生的舞台上,我们会意识到各种不同的目光,这么多目光在注视你,审视你,于是,你也会很在意自己留在别人心目中的形象。

下篇 妙用心理学，发挥幽默的才气与灵气

然而，把这种形象的意识换个思维，并将其运用到推辞的范畴，说不定可以收到事半功倍的效果，而这种反向思维就是——调侃。

有一部电视剧里有这样的情节：一位年轻的大学生爱上了一个普通女工，两人爱得很深，很痴迷。

可是，当这位大学生准备在假期回家禀告父母时，这个女工却提出与他分手了。

这以后，年轻的学生一心钻研功课，不再与那位女工来往。

那位女工是用何种方式让大学生从情感的狂热中降温的呢？她说：

"你是一个年轻有为、前途无量的人，我怎么可以自私地把你据为己有？我一无文凭，二无好的环境，年龄还比你大了两岁，根本就是配不上你。我爱你，深深地爱着你。可是，我不能自私到让你为我荒废学业，失去抱负。正是为了这份真爱，我才提出与你分手……"

无论这番话是出自真心还是假意，都很容易收到效果。

因为像这样的言辞，妙就妙在她一直以卑微者的口吻调侃自己。

当男方的自尊被煽动起来后，一想到自己是被女方深爱而遭拒，分手的痛苦便小得多了。

因此，即使被对方以"不"推辞，也要用这种调侃的方式贬低自己，抬高对方，使他在熨贴的心境中接受你的推辞。

总之，让对方觉得自己不够格，不敢高攀，不能没有自知之明……以如此方式提高对方的地位；使对方在接受推辞时不感到痛苦。最好的方法就是运用这种调侃的方式。

如果我们能够运用这种方式，常常以自己可笑的地方开开玩笑，一定可以赢得许多朋友的友谊。因为你尊重别人，取笑自己，正可以表示你是把自己看做和朋友一样处于同等地位。

美国著名律师曹特是一位善讲自己笑话的人。有一次，哥伦比亚大学校长在他登台演说时，先将他介绍给听众说："他算得上我国第一位公民！"

第十章 诙谐风趣，幽默让友情更加深厚长久曹特似乎可以立刻抓住这个难得的机会，大模大样地开着玩笑说："诸位静听，第一位公民要开始演讲了。"但是他如真那样做，他便是一个没人瞧得起的傻瓜了。

曹特不但没有这样做，而且利用这个介绍词幽默了一下，并且获得了听众的好感。他说："刚才校长先生说的一个名词，我起初有些听不太懂。第一位公民是指什么呢？现在我才想到，大概他是指莎士比亚戏剧中常常提到的公民。这位校长先生一定是研究莎氏戏剧极有心得的人，他替我介绍时，一定又在想到他的戏剧了。诸位听众一定知道莎士比亚是常常把许多公民穿插在他的戏剧中，充任无关紧要的角色，如第一个公民、第二个公民之类，这些配角每人所说的话大都只有一两句，而且多半是毫无口才、没有高明见识的人。但他们差不多都是好人，即使把第一、第二的地位交换一下，也根本不会显示有何不同之处。"

这真是一篇聪明绝顶、极尽幽默能事的妙论！他把校长先生替他戴上的高帽子，丢给大家去戴，显示自己是与听众站在一样的地位。同时他的言语措辞也是高人一等。如果他改用一种庄重的态度，简括地说："校长先生说我是第一位公民，大概是在说我是一个舞台上的配角。"结果绝不会那样生动有趣，使得听众笑逐颜开。

幽默宽慰，为朋友拨开心上的阴霾

在生活中，遇到挫折或不幸时，每个人都希望得到他人的安慰。然而安慰并非仅仅是说几句让人宽心的话，安慰也是有艺术性的。合适而恰当的安慰，能让人摆脱苦恼。在安慰他人的时候掺杂幽默，可以让对方在逆境中感到温暖，从而缓解精神压力，更好地面对生活中的各种难题。

安慰他人要有一颗幽默之心，幽默之心即是替我们的内心加上一层化妆，偶尔需要装疯卖傻愚弄自己。即使在悲哀的时候，也需在悲哀之中用博爱之心来宽慰他人。下面的四个朋友就是通过幽默夸大自己的弱点来安慰其他人的。

下篇 妙用心理学，发挥幽默的才气与灵气

初秋的一天，四个商人忙里偷闲坐在公园的长凳上，边欣赏云淡风轻的秋色，边闲谈起来。一个说："我们四人是要好的朋友，何不趁此良机畅谈各自的缺点，好让我们彼此增进了解呢？"他这么一说，其他三人都点头同意。

一个说："我好喝酒，常常是见酒不要命，不醉不罢休。"

其他三人听罢吃了一惊，心想，我一定要说得比他更惨些，要不他会为自己的缺点感到难过的。

接着，另一人说："既然老兄如此坦诚，我不妨也实话实说吧，我好赌，有时，甚至想偷钱去赌。"大家又是大吃一惊。

第三个商人说："老兄们，我真是伤透脑筋了，知道吗，我越来越喜欢邻居家的一个女儿，一个有夫之妇。"

听了这话，商人们更加吃惊。轮着第四个商人了，可他默不做声，其他三人再三追问，他才开口说道："我真不知道该如何启齿呀！"

"没关系，老兄，我们一定为你保密！"

"是这样的，我有一个改不了的毛病——好传闲话。"

日常生活中，朋友之间在闲聊时，把幽默的言语作为一种调料，互相安慰，对增强彼此的自信心很有帮助。生病的人最需要安慰，安慰病人也确实有些讲究。说些善意的祝愿："好好休息吧，你不久一定会康复的！"或直接询问病人的详细病状和调治方法，都不能算真正的安慰。那么，怎样才能给病人很好的安慰呢？

某人因工作劳累生了病，卧床不起，他的朋友说："你多么幸运啊，但愿我也生点病，好让我也能安静地躺在床上休息几天。"

类似这种用幽默的语言安慰病人的方法，往往会取得良好的效果。

一个老年男子因丧妻而患了严重的忧郁症，对任何人的安慰都十分反感。一天，一个老朋友登门造访，见面全然不提病情、疗法之类，只是问：

第十章 诙谐风趣，幽默让友情更加深厚长久

"不知道你是否想过,假如是你先去世,而尊夫人还活着,那会是怎样的一种情形呢?"这位男子脱口便道:"噢,那对她来说太可怕了,她会因此而遭到多么巨大的痛苦啊!"老朋友听了这话,便继续开导说:"你看,现在她却没有这个痛苦,那是因为你的安然无恙才使她免除了痛苦,所以,现在你必须尽一分义务,付出一点代价,那就是以继续健康活下去的决心,为你心爱的人免除痛苦,而这个代价是值得的!"

短短的一番风趣的话,使那位老人豁然开朗,同时,也使他在心中充满了对老友的感激。

有时候,宽慰的话语并不是一本正经地表达某种同情,它可以诙谐一点,这样所表达出来的效果会更贴切。

一位女子因为母亲刚刚过世,情绪非常低落,见到朋友时也难展笑容。朋友见状便安慰她说:"别担心,阿姨在那边不会孤单的,我妈妈可以带她四处去玩,她对那边很熟。"原来,这位朋友的妈妈前几年因为癌症去世了。

这个故事中,这位朋友不惜揭开自己的伤疤,讲出自己母亲去世的情况,以安慰女子。他故意不提生死,而是豁达地安慰朋友,以乐观的心态阐述自己的伤心事,达到了同病相怜的安慰效果。其话语显示出其乐观豁达的生活态度,也表达了对女子的深切关心和安慰。仿佛他们的妈妈没有逝世,而仅是在另外一个天地里而已。任何人看到这里,都会被那位朋友感动,这就是幽默的力量,它让你能苦中作乐。

人生在世,不如意事十之八九,当我们健康幸福地活着的时候,也不要忽视了身边的朋友、同事以及亲人的伤痛,适时为他们送上亲切宽慰的话语,让对方感觉到你的真心关怀。假如将来我们有了什么困难,他们也不会袖手旁观的,这就是人情所在了。

第十一章

智慧生活，幽默让家庭充满温馨与和谐

　　幽默是一种才华，一种智慧，一种力量，更是烦闷生活的调剂品。人人都希望家庭的港湾宁静而和谐，而宁静的生活也需要笑声作点缀，和谐的日子也需要诙谐来调剂。在家庭中适当运用一些幽默话语，能使家庭气氛更融洽，家庭生活更有趣、更美满。

幽默心理学

幽默是家庭生活的调味品

如果说家庭生活像一碗汤,家庭之爱像汤里的食材,那么幽默就是这碗汤里的调味品。一碗汤里放不放调味品,完全可以依个人喜好任意选择。但对追求家庭美满幸福的人来说,他们可能会喜欢在汤里放上调味品。因为放了调味品的汤肯定比没有放的味道更鲜香,同样,有了幽默感的家庭会更加充满爱意。

一天,丈夫穿了件崭新的白上衣外出。没想到遇上瓢泼大雨,全身淋透了不说,衣服还沾上了很多污泥,成了落汤鸡。

丈夫回到家后,门口的看门狗对他狂吠不止,并扑向他。丈夫十分气恼,正想拿起一根木棒打它时,妻子出来说:"算了吧,别打它。"

丈夫生气地说:"这条狗真可恶!连我也认不出来了。"

妻子说:"亲爱的,你也要设身处地为它想想,假如这条白狗跑出去变成一条黑狗回来,你能认得出来吗?"

丈夫听到妻子的调侃,本来沉郁的心情马上云开雾散,哈哈大笑起来。

其实,夫妻二人都知道,妻子把丈夫比做狗,但这并不是嘲讽他,妻子只是用这个小小的幽默来表达对丈夫被雨淋了的关心。丈夫当然不会怪她,反而会被这种幽默逗笑,在妻子深情的关怀面前,丈夫被雨淋成落汤鸡的不快也会化为乌有。

家庭生活中,难免有人会做错事情。比如衣服熨焦了,饭菜烧糊了,打碎了碗盘等。这时候,他们已经够自责的了,如果我们再加以责备,他们一定会很难过。所以这时我们要做的不是唠叨和责备,而是幽默的谅解和安慰。这样不仅能让亲人体会到来自我们由衷的关怀,还可以平复其失落的心情,化沮丧为喜悦,亲人也一定会更加感激你。

下篇
妙用心理学，发挥幽默的才气与灵气

一对结婚十多年的夫妻，十几年来，妻子一直为丈夫煮饭。一天，妻子煮了生平最难下咽的一桌饭菜：菜烂了，肉焦了，凉拌菜没有一点咸味。看着丈夫坐在饭桌旁默默地咀嚼着，妻子一言不发，但心里很自责。

当妻子站起身要收拾碗碟时，丈夫却突然猛地把妻子拦腰抱起，吻个不停。

妻子不知所措："这是怎么一回事？"她有些吃惊。

"哈！"丈夫答道，"今晚这顿饭跟你做新娘子那天煮得一模一样，所以我要把你当新娘子看待！"

真是独具匠心！丈夫这一番幽默所表达的爱和关怀胜过任何没头没脑的责备。幽默，让妻子品味出浓浓的爱意，感受到无比的幸福。

家是我们停泊的港湾，家人的抚慰是我们一路前行的动力，给这些温暖的关怀加上一点幽默，就走出了一路笑声。

家人的关怀就像一缕缕温暖的春风，送来的是无尽的温暖。需要我们关怀的人，也常常是最关心我们或者我们最关心的人。

当然，在家庭生活中，幽默的方式很多，幽默的时机更多，比如，我们可以采用幽默的方式向亲人表达关怀。很多时候，因为过于熟悉，使得我们往往容易忽略自己身边的亲人，认为他们心里知道自己一定是爱他们的，再表达出来似乎是一件"多余"的事情。其实，爱不只是要放在心里，同样要说出来。如果在家庭中，缺少了彼此之间的关爱，那哪里还有家庭的温馨可言呢？不要再为忽略亲人制造借口，现在就开始借用幽默，向你的亲人表达关怀吧！

如果你已经为人妻、为人母，却总是因为有永远做不完的家务而抱怨，那么你将永远无法从埋怨中解脱出来。而如果你能用幽默的方式来处理生活中的细小家事，用幽默来关怀亲人，恐怕其成效是百句抱怨也无法获得的。

我们都知道，家庭是靠血缘和爱组织起来的社会单位。血缘关系是与生俱来不可改变的，家庭成员之间的矛盾不可能是你死我活的斗争，在发生矛盾的时候，只要能够互相谅解，轻松对待，问题必然能够得到很好的解决。

家庭更应该是欢乐的海洋，我们应该竭力避免那些能够在家庭中制造不

第十一章 智慧生活，幽默让家庭充满温馨与和谐

和谐的因素。为维持家庭和睦,缓解家庭成员之间的矛盾,更应该多借助幽默向亲人表达爱意,让幽默成为家庭中必不可少的"调解员"。

我们应该让幽默为你的家庭幸福尽心尽力,自己也要为亲人的快乐尽心尽力。否则,没有了幽默的点缀,家庭生活会变得非常单调乏味。

幽默关怀,用幽默表达浓浓爱意

亲情需要诠释,关怀需要表达。借助幽默我们能让自己所爱的人在会心一笑中感受到浓浓的爱意和温暖的幸福。戴志晨先生说:"婚姻是人世间'老化'最快的一种关系。结婚后,新郎、新娘都在一夕之间变成老公、老婆。"而实际上,老化了的不是婚姻本身,也不是新郎新娘自身,而是他们之间的爱情。

> 关于沟通,除了词汇之外,最重要的就是"趣味"!
> ——卡耐基

有对夫妻是大学里的同学,结婚后经常吵架,两个人都感到无法忍受这种状态。在一次争吵中,妻子说:"天哪,这哪像个家!我再也不能在这样的家里待下去了!"说完,她就拎起自己放衣服的皮箱,夺门冲了出去。

她刚出门,丈夫急忙说道:"等等我,咱们一起走!天哪,这样的家有谁能待得下去呢!"丈夫也拎上自己的皮箱,赶上妻子,并把她手中的皮箱接了过去。

生活中,每一个人都应当试着以幽默去保护自己的家庭。如果没有根本性的、重大的分歧,幽默将使家庭生活始终处于最佳状态。家庭生活中极需要这种幽默,应该相信这一点,无论什么情况下,一对善于以幽默来润滑生活的夫妇,他们获得的幸福比任何家庭都多。幽默就是这么高超的艺术。

幽默可以给平淡的生活增添乐趣和笑声,从而激发和唤醒夫妻双方的爱

下 篇
妙用心理学，发挥幽默的才气与灵气

情。有时候幽默的力量使用得十分温和，我们可能会觉察不到它。但是它的确使爱人的心情充满愉快，这无疑有助于爱情的升华。

常常有人问："'爱的喜剧'是什么意思？"赫伯这样回答："如果我们花许多时间、精力、金钱来使我们能去爱别人，那就是喜剧；如果我们只花很少力气去使我们显得可爱，那就是悲剧。"心理学家弗洛姆写过："人想的多半是被爱，较少想到自己爱的能力。"

现在，随着生活节奏的加快和人们时间观念的加强，有些夫妻，两个人工作都很忙，在一起的时间少了。如果两人之间不加强交流，久而久之就会出现一些不必要的问题。这时不妨准备一本家庭留言簿，把对对方的爱和关心用幽默的方式表达出来。

一个一大早要出门上班的丈夫给妻子这样留言：
"天气预报，可能是虚假广告。
天亮时有雷声，估计天公会开动生产雨水的流水线……
我把咱们家的小天空折叠伞放在了你的包里。"

试想，当妻子撑着折叠伞走在雨中的时候，是否会感到头顶美丽的小天空就是爱的延伸、家庭的活动屋檐？

针对爱情的老化问题，台湾著名作家戴志晨先生开的处方是"幽默"，他说："懂得夫妻幽默之道的人，可以防止婚姻老化，使双方永远做英俊、漂亮的新郎和新娘。"

一位公车司机工作十分勤奋，每天都早出晚归。一日，当他满身疲惫地回家时，发现妻子留下了一张纸条：

每天那么晚才回来，真受不了！食品和啤酒放在冰箱里，我和爱情在被窝里。

——你的妻子

此故事中,妻子把食品、啤酒、自己和爱情并列在一起,幽默地暗示丈夫用餐时,不要忘记了妻子需要丈夫的爱。此时,那位丈夫能不感受到家的温馨吗?能不感受到妻子那深深的爱吗?当你觉得爱情生活变得日益平静的时候,你也可以用幽默来打破这种死气沉沉的平静。

巧用幽默,弥补自己的过失

人非圣贤,孰能无过。犯错误是正常的,关键是要及时地承认自己的错误。但是承认自己的错误,表达自己真诚的歉意,总会感觉有些尴尬,这时候,就需要自己动动脑子,幽默一把,想出一个既能博得对方一笑又能表达出自己的歉意的办法。适当的幽默很容易让人接受,当然也包括自己的家人。

一次,小王和五岁的儿子玩飞碟。由于儿子玩得太起劲了,以致跌了好几次跤,滚了一身土。回家后,妻子一见便骂他父子俩不讲卫生,刚穿的衣服就弄得这么脏。小王没有直言辩解,只是笑笑,说:"是他自己搞成这样,与我无关,你看我的衣服不是挺干净吗?"妻子被小王孩子气的话逗乐了。

在家庭生活中,我们难免会犯下一些小过失,这时候最好的办法莫过于用幽默化解。用幽默掩饰自己的过失不是逃避责任,而是争取更容易地求得家人谅解。

在夫妻生活中,一方犯错误的时候,如受到对方的指责要理解,不能认为对方是在故意找碴。夫妻之间的某些后果并不严重的小过失也是容易求得原谅的。一般在这种情况下,有过失的一方可以借助幽默博对方一笑,化解对方心中的不愉快,让对方原谅自己。

有一对夫妻发生了矛盾,妻子赌气不吃不喝,也不理睬丈夫,丈夫百般规劝都不管用,最后开玩笑说:"爱生气可是老得快,愁一愁白了头,你想来个老妻少夫呀?"妻子被他逗得扑哧一声笑了。丈夫又说:"这就对了,笑一笑十年少，笑一笑老来俏！"顿时，妻子脸上由阴转晴，娇嗔地说："小心我休了你！"她的心里比吃了蜜还要甜。

在一些生活比较拮据的家庭中，运用幽默语言调节心情，缓解生活的重负，分担对方的痛苦，更是爱意的表现。

一位丈夫在妻子生日过后一个星期才想起自己忘了向妻子祝贺生日。他在送上一份迟来的礼物时说了一句："我问珠宝店的小姐说：'对上周的生日该送什么礼物好？'人家告诉我要送上一份歉意。我不但要送上我的歉意，还要加上我的柔情蜜意，希望老婆大人接受

> 幽默文字不是老老实实的文字，它运用智慧、聪明与种种高效的技巧，使人读了发笑、惊异，或啼笑皆非，或受到教育。
> ——老舍

我迟到的祝福,原谅你这'健忘'的夫君吧。"他的妻子被他的幽默逗得莞尔一笑,善解人意地说:"你工作这么忙,忘记一次也没关系啊。"

上面故事中,丈夫得到了妻子的谅解,不仅仅是因为他自己的机智幽默,妻子的宽容大度也是一个重要的原因。客观上来说,夫妻之间免不了磕磕绊绊,而夫妻生活也正因为有了变化起伏才不显平淡与死板。不论争吵的最初原因是什么,要想尽快地熄火降温,平息争执,关键是在争吵中或事后其中一方主动承认错误。巧用幽默,就使生活充满更多的欢笑。

有一对老夫妻,常为一点小事争得面红耳赤,各不相让。后来,不知丈夫从哪里学来这么一个绝招,往往在双方争执不下的时候,他会从衣袋里摸出一张小卡片送给妻子。这些小卡片上,有的写着"对不起",有的写着"别生气",有的写着"我爱你",有的写着"笑一笑",还有一张写着"不怕老婆非好汉"……每次送上卡片后,老汉总能博得妻子展颜一笑。

虽然一辈子没红过脸的夫妻不见得就是好夫妻,但是,各不相让也难免"话赶话没好话"。在家里,做丈夫的会听到妻子各种各样的抱怨,倘若丈夫的语言巧妙幽默,大家就会相安无事。

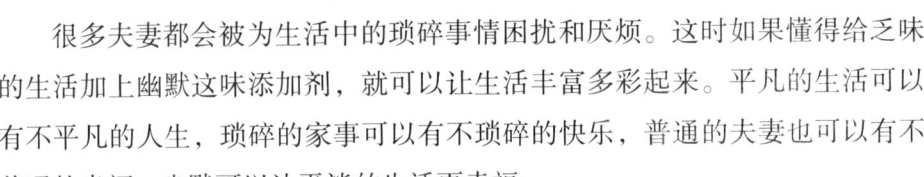

趣味调侃,为琐碎的家事带来快乐

很多夫妻都会被为生活中的琐碎事情困扰和厌烦。这时如果懂得给乏味的生活加上幽默这味添加剂,就可以让生活丰富多彩起来。平凡的生活可以有不平凡的人生,琐碎的家事可以有不琐碎的快乐,普通的夫妻也可以有不普通的幸福,幽默可以让平淡的生活更幸福。

有一对年轻夫妇,因家里只有一台电视机,男的爱看球赛,女的爱看电视连续剧，经常发生矛盾。最后基本上都是丈夫让步。

不过，这位丈夫很有心计，平日一有机会，他就向妻子灌输体育知识，谈谈球赛趣闻。久而久之，妻子的兴趣果然被他激发了，有时也跟他一道收看体育比赛的节目，变成了夫唱妇随。到了四年一届的世界杯足球赛时，妻子的注意力已经被精彩的比赛吸引了。这时，他煞有介事地对妻子说：

"看你这个高兴劲儿，我想起了一句老话。"

"什么话？"

"知足常乐！"

"怎么会想起这句话呢？"

"知足常乐么，就是知道足球以后，就会常常乐了呗！"

多么富有情趣的调侃！这样的生活才是和谐的典范。

一个男人和一个女人，从陌生走到婚姻的这一过程，往往是二人一生中最为甜蜜和充满激情的时期。一对有情人走进婚姻以后，由于不同的成长环境和生活背景；由于社会日渐风行的自我思维方式，由于锅碗瓢盆、柴米油盐等家庭琐事的困扰，往往会造成婚后生活日渐平实乏味，和恋爱时的浪漫激情形成鲜明的反差。

其实，那些都只是表面现象，其内在根源在于夫妻双方的心态都发生了变化，因为双方之间过于熟悉而使得生活没有了新鲜的味道。如果夫妻双方能改变心态，用心观察生活，则生活中的柴米油盐皆可成为幽默的素材，给夫妻生活增添新鲜的味道。

老王夫妇和老李夫妇在一块闲聊。这时，王太太剥开一个橘子，发现果肉有些干枯，也没有什么汁水，便对丈夫说："这个橘子干干的，你帮我吃一半。"王先生不高兴地说："你不吃的才给我吃啊？"

不一会儿，李太太也尝了下橘子，如同嚼棉花，便分了一半给老李："这个橘子太干，我替你吃了一半，剩下的一半你自己吃吧！"

老王听后对王太太说："你看看，人家李太太多体贴！"

这个幽默灵活地勾画出夫妻间在摊派不可口的食品时的心理状态。同样的事情,经过不同的方式表现出来,收到的效果却是大相径庭的,幽默的李太太就让老王很羡慕。由此可见学会幽默是可以避免不少烦恼的,幽默的夫妻更幸福。我们来看看下面这对夫妻。

妻子对丈夫撒娇:"亲爱的,你可不可以洗衣服?"
丈夫不理不睬:"不能,我还没睡醒呢。"
妻子转而笑道:"我不过考验你一下,其实衣服都已经洗好了。"
丈夫这时睡意全无:"我只是和你开开玩笑,我其实是很乐意帮忙的。"
妻子则一脸严肃:"我也在和你开玩笑,既然你愿意洗,那就赶快去干活吧!"

这位妻子的幽默和机智让人不得不佩服,她成功地给丈夫上演了一出请君入瓮的现代喜剧,让丈夫在不得不去做这些不喜欢做的事情时,也会莞尔一笑。这样的家务事带来的不是烦恼,而是夫妻两个人的欢乐。

幽默不仅在琐碎的家务中可以给我们带来欢乐,在其他的事情上也可以起到意想不到的效果。且看下面这个可爱的妻子。

妻子叹了口气,对丈夫说道:"做男人真好,我要是男人就好了。"
丈夫满腹狐疑:"为什么?"
妻子顿时来劲了,高兴地说:"我今天看到一个手链,漂亮极了。当时我就想:'我要是男人,一定会买回去给老婆,不知她会多么高兴呢!'"

这种迂回提要求的方式,不仅表达了妻子想要买手链的愿望,而且不会引起丈夫的反感,同时还可以活跃气氛,是进可以攻,退可以守。如果妻子直接对其丈夫说要买手链的话,丈夫也许会找一大堆理由来搪塞。而智慧的妻子巧换自己的角度,说出自己的心愿,既不会遭到丈夫的反对,而且可以让丈夫理解自己的想法。这种幽默,是其他语言所不能达到的。

亲情幽默，委婉表达对亲人的看法

幽默是一种灵活的表达方式，它可以明确而又温和地表达出我们对亲人的看法。幽默的表达可以让亲人平和地了解到我们的想法，重新审视他们自身，改正他们的错误，弥补他们的不足。

妻子对丈夫说："我生了女孩，你妈妈说什么了吗？"

丈夫回答："没有，她还夸你呢。"

妻子认真地问："真的？夸我什么？"

丈夫一字一句地说："夸你有福气，将来用不着担心看儿媳妇的脸色行事了。"

这位丈夫没有直接对妻子说出她不尊敬母亲的事实，而是以温和的批评、巧妙的幽默，来表达自己对妻子的不满，通过这种方式让妻子从一个母亲的角度来看这件事情，使她在回味之余，更容易接受批评并加以改正。

生活中，我们对亲人会有各种各样的看法，有时候是好的看法，有时候则是不好的。当我们对亲人有不好的看法时，如果直言不讳，言辞激烈，则难免伤害对方。如果能将话语制成"糖衣炮弹"，对有缺点的一方进行善意的揶揄和有节制的讽劝，以幽默的方式送给对方，那么就既达到了批评对方的目的，又增加了趣味的成分，既能使对方心甘情愿地改正错误，又不会伤害感情。

家庭生活中许多琐事有时也会引起家人大动干戈，其原因之一是双方的话语中都缺少一种幽默的成分。如果在表达对亲人的看法的时候能采用幽默的方式，那么你的意见一定会更好地被接受。

如果妻子把丈夫管得太严，丈夫往往会感到很不自由。小气的妻子往往把家里的财物管得很严，丈夫会觉得很不方便，这时候要表达不满可以向下面这位先生学习。

儿子问父亲:"爸爸,阿尔卑斯山在哪里?"

父亲漫不经心地回答说:"去问你妈!她把什么东西都藏起来了。"

结婚后,家务事变得多了,有的丈夫很懒惰,即使工作不太忙,也不肯动手帮妻子。对此,大部分做妻子的最终不会太计较。不过妻子可以用幽默的方法来提醒他。

妻子在厨房忙完以后,对久坐不动专等着吃饭的丈夫说:"今天的晚饭做好了,你现在可以开始选择了。"

"是吗?都有些什么菜?"

"炒青椒。"

"还有呢!"

"没有了。"

"那你让我选择什么啊?"

"吃还是不吃!"

家庭成员在一起生活的时间长了,彼此之间有一些看法是很正常的。尤其是夫妻之间,如果堆积了很多问题得不到解决,就会影响夫妻之间的感情。这里,我们总结了一些夫妻之间随时都会用到的幽默智慧,希望可以帮助大家用幽默的方式来表达对对方的看法。

对于脾气坏、爱唠叨的太太——太太开玩笑地对丈夫说:"你需要一个自动闹钟在早上叫醒你。"丈夫不太高兴地说:"不必了,有你在旁边就够了。"

对于隐瞒年龄的太太——丈夫说:"我太太说她的二十八岁生日快到了,但是她面对的是相反的方向。"

对于很会花钱、爱迟到的太太——丈夫说:"我太太只有一件事会准时到,就是买东西。"

对于爱"八卦"的太太——丈夫说:"谁说女人不会保守秘密?只不过是需要保密的女人更多而已!"

对于爱抱怨的太太——"你太沉迷于高尔夫球了！"太太抱怨，"你连我们的结婚纪念日都不记得了。""我当然记得，"丈夫抗议，"就是我挥出三十五尺一杆进洞的那一天。"

对于漫不经心，不懂欣赏的丈夫——"五年来，我先生从来没有好好看过我一眼。"有一位妻子抱怨，"要是将来我有什么三长两短，恐怕他也没法去认尸了。"

多讲幽默，少些大道理

家庭不是讲理的地方，夫妻之间不需要太多严肃认真、正儿八经的是非理论，却常常不可少了嘻嘻哈哈、"胡说八道"的歪理幽默。在许多幸福的家庭中，妻子或丈夫恰恰是凭满腹歪理、满口胡言赢得了对方的欢心。而终日正襟危坐，不苟言笑得近乎冷漠的人则很难赢得爱人的欢悦。当然，这并不说夫妻之间就纯粹是善恶不辨，美丑不分的，而是说家庭之中、夫妻之间更讲感情。在适当的时候讲出一些歪理，家庭生活就会变得趣味盎然，生机无限。下面是一个使用了歪理幽默的故事：

从来没有喝过酒的妻子从丈夫的杯子里抿了一小口白酒，皱着眉头说："酒可真难喝！"丈夫笑了笑说："可不是吗，可你还整天唠唠叨叨，说我喝酒享乐呢！"

酒对于妻子来说很难喝，而对丈夫来说则可能是一种享受。丈夫利用妻子说酒很难喝这一点讲出了一通为自己辩解的歪理。

还有一个故事：

丈夫在看晚报，当他读完一篇《女人的寿命比男人长》的文章后，便问妻子："我真不知道为什么男人要先走一步？"妻子解释道："总得有人留下来收拾衣服吧！"

通过上面两则例子,我们可以看出,在家庭生活的每时每刻,只要你顺着对方的言谈举止用貌似合理实则荒谬的道理轻轻一推,歪理便出来了,幽默也就产生了。

我们认为家是讲幽默的地方,因为家庭和幽默在本质上有许多相通的地方。家庭是男人和女人靠爱情建立起来,又靠爱情来维系的栖息地。夫妻间的是是非非、恩恩怨怨不是某种道理可以讲得清的,夫妻之间的一些行为也就不能简单地以"是非对错"来判断;而幽默也往往是靠歪理来产生。在这一点上家庭和幽默恰恰有共通之处。下面引一则家庭幽默来说明这一点:

妻子:"你经常说梦话,去医院检查吧。"
丈夫:"不用了吧!要是治好了这病,我就没一点说话的机会了!"

夫妻之间运用这种歪理幽默,不但可以活跃气氛,愉悦性情,而且还能表现一种夫妻之爱,使得家庭生活妙趣横生。这样一来,就不会有"相爱简单,相处太难"的感叹了,对普通人是这样,对大哲学家苏格拉底来说也是一样:

苏格拉底婚前并不知道他的新婚妻子脾气很坏。结婚之后,他才意识到自己娶了一位"恶妻"。虽然苏格拉底认为自己的婚姻不是很完美,但他还是常常鼓励别人结婚。

苏格拉底这样说:"如果你娶到一位好脾气的太太,你会终生幸福;但如果你娶到一个坏脾气的太太,则恭喜你,你就可以成为'哲学家'了!"

苏格拉底运用带着很浓的自嘲意味的歪理幽默,表达他对"娶了一个坏脾气的老婆"这个既成事实的无奈,又表达了对妻子的豁达谅解。此外,歪理幽默还能用来安慰亲人:

有一天丈夫对妻子说:"真糟糕,我的胡子越来越白了,头发却还是黑的，你说这是怎么回事？别人一定认为我的头发是染的。"

妻子说："胡子先白了还不是怪你自己，谁让你这嘴巴用得最多，而脑袋用得最少呢！"

丈夫一句一本正经的话，却让妻子找到了进行幽默的灵感。妻子的话，让人忍俊不禁。

家与幽默的这种相通之处提醒我们，让幽默长驻家庭，用幽默冲淡家庭中不时出现的冲突和不满，用幽默去化解夫妻之间的各种矛盾，对于建立幸福的家庭将大有好处。

求同存异，达成一致也简单

幽默是家庭生活中的必备品，没有幽默的家庭往往缺少欢声笑语。作为家庭中的一分子，我们有责任让家庭生活变得更轻松，更有意义，让我们的亲人因为感受到我们的爱和关怀而更加幸福。适宜的幽默，会使家庭生活更加和谐美满，让家中充满欢声笑语。

丈夫喜欢钓鱼，也喜欢让妻子跟着去，想让她见识自己高超的钓鱼技术。但妻子却不喜欢钓鱼，经常哀求丈夫："为什么你不像别人的丈夫一样，独自去钓鱼呢？"因此丈夫特别羡慕在一起钓鱼的夫妻。

有一次丈夫碰到这样一对夫妻，就问那个男的："先生，你是怎样让你的妻子同你来钓鱼的？"他听了一愣，反问道："你是怎样让你妻子待在家里的？"

夫妻间的爱好、兴趣不同是正常的，对方不喜欢做的事情，我们不能强求。不过，有些时候夫妻双方在某件事情上产生分歧时，还是可以采取求同存异的方法，通过适当的磨合达到意见一致的。

日常生活中许多生活琐事往往会引发大的干戈，其原因之一就是双方的话语中都缺少一种幽默的成分。如果在批评亲人的时候能采用幽默的方式，那么你的批评就已经成功一半了。例如：妻子已经有两个礼拜没有打扫房间了。丈夫对妻子的懒惰和邋遢十分不满，就对妻子说："亲爱的，上星期你工作很忙，没有时间做家务，如果这个星期你仍然忙的话，我还可以替你再做一周家务。"丈夫这样做就比严厉地指责妻子懒惰与疏忽大意委婉很多，也更容易被对方接受。

威尔罗哲士深知人与人交往中求同存异的重要。他曾经说："将来我的墓志铭要这样写着：'我对当代每一位杰出人物都开过玩笑，但是我从来没有遇见一个我不喜欢的人。'"

结了婚的人更有必要掌握这种求同存异的幽默技巧，以保证夫妻和睦和家庭安定团结。下面是一位男士的话：

"我太太和我尽管有所不同。但是我们经常如加州人在地震过后说的话那样相互调侃：'虽然都是你不好，但是我依然爱你如昔。'"

就像国际关系中不同国家的求同存异需要一定的基础一样，夫妻之间的求同存异也是建立在一定的基础之上的。所不同的是前者以利益为基础，后者以夫妻之爱为基础。很多时候，夫妻两人在想法、兴趣等方面都会存在一些差异。

有一位先生对朋友说："我太太和我总想不到一块儿去。我们手头有一笔钱，她想要一件新的真皮大衣，而我想买一部新车子。最后我妥协了，我说：'买一件真皮大衣，然后把它收到车库里去吧。'"

这位先生和他的太太当然不会真的把一件真皮大衣收到车库里。表面上两个人的愿望都没有实现，实际上却是丈夫通过幽默的方式向太太妥协了。他们通过幽默的方式解决了问题，避免了夫妻各自为政的局面。所以，当夫妻之间有什么不同意见时，不妨幽默一些，在笑声中宽容对方与己的不同之处，在笑声中驱散不睦的阴霾，使阳光重回生活里。

第十二章

高效谈判，幽默的语言令对手折服

幽默是一个心理学上的名词，在很多场合，我们都会用到幽默，比如严肃的谈判场合。在谈判中，双方站在各自的立场，为争取各自的利益而努力，这时如果想要避免出现剑拔弩张的状况，营造一个良好的谈判氛围，就需要在紧张的谈判之余用幽默来调剂一下。

以幽默的语言，营造良好氛围

在谈判中，不能营造良好的谈判气氛，就好像机器缺少"润滑剂"一样，会给人很别扭的感觉，不仅不会有效地减少双方的心理障碍，反而会给双方沟通增加困难，甚至可能使谈判破裂。

美国谈判大师荷伯·科恩曾说："世界是一张巨大的谈判桌，谈判存在于生活的方方面面，很多时候，我们自觉或不自觉地就成了某个谈判的参与者。"在日常工作中，谈判更成为我们工作中一项必不可少的内容。大多数人认为，谈判应该是庄重的、严肃的。其实，若是在谈判中插入幽默的语言，不但可以缓和紧张形势，营造出友好的谈话气氛，还可以缩短彼此之间的距离，钝化对立感，使整个谈判变得更融洽。在国际谈判中，幽默语言可以使整个谈话更加顺利，彼此化干戈为玉帛，从而避免了战祸；在商业谈判中，幽默的语言巧于辞令，可以为你赢得新的合作伙伴。

丘吉尔是一位善于使用幽默语言的首相，尤其在谈判中，他屡次使用幽默语言，取得了不错的效果。

1943年，英国首相丘吉尔和法国总统戴高乐由于在叙利亚问题上产生了分歧，便两人心存芥蒂。直接原因是戴高乐宣布逮捕布瓦松总督，而此人正是丘吉尔颇为看重的人物。要解决这一件令双方都颇感棘手的事，只有依靠卓有实效的谈判会晤了。

丘吉尔的法语讲得不是很好，但是，戴高乐的英语却讲得相当流利。这一点，是当时戴高乐的随员们以及丘吉尔的大使达夫·库柏早就知道的。这一天，丘吉尔是这样开场的。他先用法语说道："女士们先去逛市场，戴高乐与其他的先生跟我去花园聊天。"然后他用足以让所有人听清的英语对达夫·库柏说了几句话："我用法语对付得不错吧，是不是？既然戴高乐将军英语说得那么好，他完全可以理解我的法语的。"语音未落，就赢得了戴高乐及众人的哄堂大笑。

下 篇
妙用心理学，发挥幽默的才气与灵气

丘吉尔的这番幽默消除了谈判双方参与人员的紧张情绪，营造了良好的会谈气氛，使谈判能在和谐互信中进行下去。

一般在谈判开始时，要注意礼貌地问候对方，轻松地引入谈判的话题，要讲究策略，有理有节，求同存异。必要时运用一些幽默诙谐的语言，调节一下紧张沉闷的价值氛围，放松一下绷得过紧的心弦，营造一种轻松愉快的气氛。

谈判双方站在各自的立场，为争取各自的利益努力是无可厚非的。但如果你过于固执己见，谈判就不可能轻松愉快地进行，那你就走进了一个谈判的误区。如果你总是一副严肃的面孔，以极其认真的态度上来就"言归正传"，没有一点活泼的气氛，就会让谈判场所显得死气沉沉、闷不可言，给人一种压抑的感觉。这样就会造成多次的暂停、休会，甚至会出现满足双方利益的灵活方案少、缺乏有建设性的提议、达成协议的日期一推再推等情况。因此，谈判时应该主动去营造良好的谈判气氛。某个警匪电影中有这样一段谈判专家与匪徒的对话：

匪徒："你怎么来得这么慢，你们是不是想拖延时间？"
谈判专家笑着说："不好意思，堵车嘛！"

轻松愉快的气氛能缓解谈判中的紧张情绪，激发人们的想象力，增进人们的感情。在良好的氛围下，人们更容易互相理解、互相尊重，也更容易获得彼此的支持和关注。反之，沉闷抑郁的环境，则很容易滋生猜忌和隔阂。

幽默有一种神奇的力量：当气氛剑拔弩张时，一个适时的幽默可以让大家握手言和；当谈判遇到阻滞时，一个适时的幽默可以促使谈判继续进行。这时的幽默不仅让人开心，更是成为了我们生活中的有用帮手。

汤姆作为丈夫总是处处让着妻子，导致妻子的脾气越来越易怒。一天，汤姆决定找妻子谈一谈。他说道："我才是一家之主。我决定大事，你管小事。知道吗？"妻子瞪着汤姆说："你什么意思？"汤姆连忙回答："你管家里应该买什么，假期应该到哪里游玩等小事。我管我国的外交政策、首相

出访等一系列大事。"妻子一听，扑哧一声笑了，谈判气氛立即缓和。

夫妻间的谈判一定要有点俏皮的成分在里面才能取得好的效果。面对妻子的逼问，聪明的丈夫是不会直接反驳的，只需要适时的顺势幽默一下。气氛一缓和，接下来的话就好说了，让爱情也会变得更加甜蜜。

迂回入题，幽默谈判的制胜法宝

在现代"谈判"中，迂回是一种经常使用的谈判技巧。迂回战术，明似离题，暗却切题，它表达的是弦外之音，它表露的是言外之意。而看准使用迂回战术的时机，并能使用最恰当的方式表情达意，则是这一战术奏效的关键。在谈判中，幽默地迂回入题不失为一种好方法。

在一次商务谈判中，双方唇枪舌剑，气氛十分紧张。为了缓和这种紧张的气氛，一方的老板说："大家知道吗？我才高中学历，而且我上学时，成绩很差，但只有英语一科没有不及格。"

大家立刻被他的话吸引住了，纷纷问道："为什么呢？"

这位大老板立刻回答道："因为我的学校开设英文和俄文两门外语，而我选择了俄文！"

大家都笑了，谈判在愉快的气氛中继续进行，最后双方达成了协议。

谈判双方是一对矛盾的统一体，为达成协议，双方不可能摒弃竞争，也不可能拒绝合作。那么既然要合作就应该有一个良好的合作气氛，这是从谈判一开始就应该考虑并注意的。首先，在谈判开始以前，主动热情地去接触对方，发掘双方的共同点，为谈判打下良好的基础。可以就双方的兴趣爱好，双方曾有过的合作经历或共同认识的朋友，进行交谈，引起双方心灵"共振"的变化。

幽默不仅可以创造轻松的气氛，而且还能为商务活动创造一个良好的环境。更为重要的是,它就像一架梯子,能助你继续向上攀登,取得商务活动的成功。

谈判双方刚进入谈判场所时,难免会感到拘谨。尤其是新手,在重要谈判中,心理上往往会忐忑不安。另外,谈判时单刀直入不仅会暴露本方底线,也会影响谈判的融洽气氛。因此,在谈判中可以采用迂回入题的方法。

谈判是一个寻求达成双边或多边一致的过程,谈判的行为包括其间的语言表达(往往是最容易被忽略而又非常重要的)或其他行为活动。达成一致的过程事实上就是谈判的双方或多方心理状态趋同的过程。

轻松愉快的气氛能缓解谈判中的紧张情绪,激发人们的想象力,增进人们的感情。在良好的氛围下,人们更容易被理解、被尊重,也更容易获得支持和关注。反之,沉闷抑郁的环境,很容易滋生猜忌和隔阂。

旁敲侧击,避免与他人正面交锋

谈判,是严肃认真地提出问题、讨论细节、形成协议或意向的过程。但是,有时候有些条款是在私下里就已经达成了一致的意见和看法。许多人在谈判之前会让低层人员私下里互相接触,达成协议和谅解备忘录,或者相互了解对方的原则和立场,以及对某一问题可承受的程度。要想做好这些基础工作,参与谈判的有关人员就必须学会旁敲侧击的打探技术。

在谈判中,运用旁敲侧击法就是利用幽默的语言来回击或反驳对手的一些观点。由于运用旁敲侧击法时,谜底被深深地埋藏在幽默的话语下面。所以,要在谈判中运用这种幽默技巧并取得幽默效果,就要在发言之后,留给对手一个短暂的回味时间,对手才能体会到幽默的话语和谜底之间微妙的联系。因此,在谈判中我们不但要自己善于运用这种幽默技巧,而且还要善于领悟对手的这种幽默。

某家建筑公司提拔一位工程师为总工程师,遭到一些人的反对。原来这位工程师在中学读书时,曾因违反纪律受过处分。

面对这种情况，公司的老总给大家讲了一个笑话："从前，有一个人坐船外出。船在航行过程中，他发现一群水族在哭。这个人就问道：'你们在哭什么？'水族们纷纷说：'龙王突然下了一道命令，凡是有尾巴的水族都要杀掉。我们都是有尾巴的，劫难当头，所以哭起来。'这个人听了，非常同情它们，也落下了眼泪。突然，他发现有只青蛙也在跟着哭。他很奇怪，就问：'你为什么哭呀？你又没有尾巴。'青蛙答道：'我怕龙王追查我以前当蝌蚪的事儿呀！'"

众人大笑，反对的人也同意了这一任命。

当你遇到一件难以解决的事时，如果直言表明你的态度，很有可能会让他人感到不快。这时，可以采取旁敲侧击的办法，说出一个幽默的故事，让他人明白你的用意。

旁敲侧击是谈判的一个策略。学会问话，套话，透过现象看本质，进一步掌握动态，做出判断，对所有参加谈判的人来说都是一门必修课。谈判者要想听出话外音就必须学会倾听，善于倾听，这样才能探出对方的虚实，达到自己的目的。倾听其实也是一种实施旁敲侧击的技巧。

旁敲侧击的幽默技巧是利用幽默的语言来回击或反驳对方观点的技巧。在运用这种技巧时需要注意：由于谜底隐藏在幽默的话语下面，所以要留给对方一个短暂的回味时间，这样才能产生较好的效果。

某经理在一次商务会议上发言。突然下面响起了鸡叫声，引起一片哄笑声——显然是有员工在捣乱。

面对这种尴尬的场面，经理泰然自若。他看了看自己的手表，镇静地说："看来我的手表走得慢了，现在已经是凌晨了。不过请大家相信我的话，公鸡报晓只是它的本能。"顿时，会场爆发出一片热烈的掌声。

从侧面巧妙地反驳，用幽默的语言旁敲侧击，可以抓住对方的弱点，给对方以警策。这种幽默技巧避免了与他人的正面交锋。

旁敲侧击是从旁边敲打，从侧面攻击，适用于从正面攻击难以取得成果的情况。在商场中，为了不得罪他人，顾全他人的自尊心，学会运用这种幽默技巧是非常必要的。

某公司老总在月总结会上大发脾气，表示对销售数额非常不满意。讲了一段话后，他开始训斥起销售员来："我已经领教了你们拙劣的工作水平。如果你们觉得不适合这项工作，我将找人替代你们。"

销售员们默不作声。之后这位老总指着一名新雇员——一名刚刚退役的足球运动员说道："如果一支足球队总在输球，结局会是什么样呢？队员们都得被换掉，不是吗？"

这名队员赶紧站起来，平静地说："不是的，老总，如果整个队都是这样的话，我们通常只是换个新教练。"

这就是高明的幽默，即使在针锋相对时，也不会怒火中烧，而是仍然保持平静，以幽默的言谈反驳对方。

明争暗斗，谈判桌上的"硝烟"

在谈判中，有时会遇到那种气势逼人的对手，他们大多固执己见，坚持明显不正确或不合理的要求。这时我们可以打破常规思维，从一个人们意想不到的角度提出一个荒唐的意见，使对方在发笑的同时，明白自己见解的不妥。这时我们再趁热打铁，就能掌握谈判的主动权，从而取得胜利。

美日之间有过一场著名的商业谈判。当时，三名日本航空公司代表与美国某公司的经理进行业务洽谈。美国经理表现得精明能干，两个半小时中滔滔不绝，以各种数据材料论证他们的开价。同时，几个日本商人则一言不发地呆坐在那里。

最后，美方经理认为已经做了充分的论证，自信能够争取到有利于自己

的价格,这才充满希望地问日本人:

"好啦,我说完了,你们有什么想法?"

"不好意思,我们没听懂。"日本人很有礼貌地回答。

美方傻眼了:"你们什么意思?没听懂?具体哪个地方没听懂?"

"太多了,不好统计。"日本人彬彬有礼地要求,"你能再给我们讲一遍吗?"

本来斗志昂扬的美方经理被当头泼了一瓢冷水,自己的长篇大论都白说了,而再次陈述两个半小时显然是不可能的。无奈之下,美方经理只好同意降低价格。

价格问题是商业谈判中最关键的一环,谈判双方常常在这个问题上争执不休、相持不下,都想最大限度地争取到有利于己方的价格,这是商业谈判的必然趋势。

我们来看两个以幽默的方式取得讨价还价成功的例子。

世界上第一位女大使柯伦泰代表苏联在一次和挪威商人谈判购买挪威鲱鱼时,挪威商人出价高得惊人,她的出价也低得令人意外。双方开始讨价还价,在激烈的争辩中,双方都试图削弱对方的信心,互不让步,谈判陷入僵局。

最后柯伦泰笑笑说:"好吧,我同意你们提出的价格。如果我的政府不批准这个价格,我愿意用自己的工资来支付差额。但是,这需要分期支付,可能要支付一辈子。"

挪威商人在这样一个谈判对手面前没办法了,只好同意将鲱鱼的价格降到柯伦泰认可的范围内。

柯伦泰同意对方的要价是假的,她虚晃一枪只是为了让对方明白:这样的高价苏联政府根本不会批准,即使她个人让步也是没用的。

当我们为了达到某种目的或想要获得某种利益,需要和有关方面达成一致意见时,就要和对方进行商谈。谈判的双方要相互尊重。不管双方代表在个人身份、地位上有多大差异,他们所代表的组织在力量、级别等方面有多么悬殊，一旦走到谈判席上，大家就都是平等的。

但是，有的谈判代表自恃地位高贵，或背后实力强大，在会谈中总是傲慢无礼，对另一方挖苦攻击，试图在气势上压住对方，迫其屈服；也有的代表自身涵养不好，当谈判不顺利时便会恼羞成怒，对另一方侮辱谩骂。在此类情况下，如果想要不辱使命、不失气节，又不致激化矛盾，使谈判破裂，被攻击的一方可以使用幽默的语言回敬无礼的一方，煞住其气焰。

一位富翁请一位犹太画家为他画肖像。这位犹太画家精心地为富翁画好了肖像，但富翁却拒绝支付曾经许诺的5000元报酬。犹太画家找上门去和他谈判，富翁却死不认账，理由是："你画的根本不是我。"犹太画家争论不过他，只好暂时忍耐。

不久，画家把这幅肖像公开展览，题名为《小偷》，引起了轩然大波。富翁知道后，万分恼怒，打电话向画家抗议。"这事与你有什么关系？"画家平静地说，"你不是说过了吗？那幅画画的根本就不是你！"最后富翁不得不买下这幅画，改名为《慈善家》。

这个故事其实包含了两场谈判。第一场谈判中，面对富翁的死不认账，犹太画家无计可施；但第二场在电话中的谈判他却赢得漂亮。当对方不愿意履行承诺的时候，当你的劳动成果就要付诸东流的时候，你要冷静地对待所遇到的事，找到对方的要害，用最巧妙、最经济的方式迫使对方就范。

幽默言谈，为商务谈判增添活力

幽默能引起人们的纵情大笑，消除内心之中的紧张感。如果你是一个能让大家感到轻松的人，你的魅力会远远大于那些刻板的人。高度的幽默感来自轻松自在的心灵，并需要你懂得适度地发挥。只有体会到幽默的精髓，才能真正挥洒幽默的魅力，让他人感到轻松愉快，最终促成谈判的成功。

一次，某公司的经理召开销售总结大会，在会场上他发现大部分人都有点紧张，因为这个月公司的业绩不是很好。于是，他看了一下表，说："对不起，各位，请大家对一下表。"

会场上的人都感到奇怪，疑惑地看着经理。经理伸出胳膊，注视着自己的手表，再次认真地说道："各位，请对一下表。"大家更加奇怪，但都将手表拿在手上。

经理说："现在是上午8点30分，有谁的手表不准，现在就请拨正。我只需15分钟来完成我的发言，也就是说，8点45分你们就可以离开这里。但是请前排的人注意一下，如果我不能按时讲完，你们就把我从窗口扔出去！"

顿时，会场紧张的气氛一扫而空。

在商务谈判中，人们难免会拘谨不安。这时，如果能够运用风趣的言语，就能让商务谈判在轻松的氛围中顺利地进行，促进最后的成功。

虽然商业谈判中的交流是件很严肃的事，但太过紧张的谈话气氛却容易把事情弄僵。所以，不妨把幽默融入谈话当中，让交谈在较为轻松的环境下进行。

幽默助商务谈判更上一层楼，就是借助幽默的言谈，为商务谈判增添活力。现在商界人士越来越重视幽默在商务活动中的作用，它是人们在商战中登高的阶梯。

下 篇
妙用心理学，发挥幽默的才气与灵气

老李是某公司的经理，他要在第二天与外地来的客户进行一次商务洽谈。但是，在当天晚上，他们为客户安排的酒店的供水系统出现了问题，客户既不能洗澡，又不能够喝开水。维修工作折腾了大半宿，客户心情很郁闷。

第二天开始洽谈时，没有休息好的客户一声不响、毫无情绪。面对这样的情况，知悉内情的老李做了一个幽默的开场白："我还是第一次见到我们公司在晚上能为客户举行那么热闹的联欢会，而我也是第一次发现那样的联欢会竟然不能使我们的客户快乐起来。"话音刚落，客户就被逗乐了，商务洽谈的气氛也打开了。

在工作中恰当地运用幽默，不仅能把自己解决问题的能力充分地展示出来，还能活跃气氛，在上司和同事面前崭露头角。

有一个养殖场要买一批良种鸡雏，同某孵化场签订了购销合同，由卖方负责运输，货到付款。

但由于卖方在运输途中没有及时喂养，导致鸡雏死了几千只，因此双方发生了矛盾。

卖方要求买方付款，买方不肯，经办人的理由是：鸡雏已经死了，怎么还能付钱呢？

但卖方说："合同上不是说了货到付款吗？难道死鸡雏不是鸡雏吗？"

买方经办人明知他的话毫无道理，可一时之间却想不到合适的言辞应对。这时，养殖场的场长走了过来，笑着问卖方："请问你家里几口人？"

"五口，怎么了？"

"哪五口人？"

"我母亲，我和我妻子，还有我的两个孩子。"

场长继续问道："那你的父亲呢？还有你的祖父母……"

"他们早就去世了。"

第十二章 高效谈判，幽默的语言令对手折服

"难道去世了就不算是你家里的人口了吗？"

卖方顿时哑口无言，于是自认理亏，承担了鸡雏的损失。

这位场长的聪明之处在于，他没有正面回应卖方的无理要求，而是运用幽默的言语去敲打对方，从而起到了预期的效果。在商业活动中，难免会遇到让你气愤的不平之事，而这时候学会运用幽默的技巧是十分有必要的。

抓住恰当的时机，主动进取，让自己的幽默口才成为把握先机的重要武器，突破重重障碍，使自己在人事关系中如鱼得水，这是多么令人鼓舞的事情！

双赢，商业谈判最好的结果

幽默的人大都机智而风趣。他们能够通过幽默的语言清晰地表明自己的态度，使对方产生认同感。在商场与他人交往时，有时会遇到一些固执己见的人。这时我们可以打破常规思维，用幽默说服对方，使对方轻松地接受合情合理的意见，从而达到双赢的目的。

小王去买自行车。在店里，他挑中一款白色的，却发现自行车与广告上的不一样。于是小王向店主说："怎么没有车灯，在广告上可是有车灯的！"店主平静地说："是的，灯没有包括在车的价格之内，这是另外卖的。"

小王气愤地说："没有包括在车的价格之内？你这是欺骗！你的广告上有车灯，所以车灯就应该包括在车价之内！"

店主微微一笑说："你说得很对，广告上还有一个漂亮的姑娘呢，可是，我们也不能给每辆自行车都配上一个呀！"

小王扑哧一笑，最后还是买了一辆自行车。当然，车灯是另外付钱的。

每个人的性格、爱好不尽相同，处理问题的方式也存在很大差异。如果从长远的角度来看待商务谈判技巧，就会发现，谈判中不存在单方面的纯粹胜利者。那种置对方利益于不顾的所谓"胜利者"，最终将不会获得任何人

下 篇
妙用心理学，发挥幽默的才气与灵气

的信任与好感，必定会成为商场中的弃儿。双方获得胜利才是谈判中的最高境界。

双赢即双方获胜，就是让合作的双方都能成为谈判中的胜利者，都能得到他们应得到和最想得到的东西。就如同两个小朋友在分苹果，如果谁都想得到大块的，反而会互相争吵，甚至拳脚相向，苹果也很可能掉到地上摔坏了。只有把苹果分成同样大小的两块，才不会引起争执，双方才能都感到高兴。日常生活中，每个人都有挤公共汽车的经验。如果大家一拥而上，推来挤去，可能谁也上不了车。只有大家遵守秩序，排队上车，大家才能顺利上车，并且节省了时间。这样，双方都成为胜利者。

谈判是为了协调关系双方利益的分歧或冲突而进行的磋商和协议的过程。美国著名谈判学家尼尔温伯格认为："一场成功的谈判，每一方都是胜者。"他说："以激烈的竞争方式进行的谈判，似乎都以单方面的彻底胜利而告终。所谓的赢家攫取一切，称心如意，而输家则一败涂地，丢尽脸面。然而，这样的'了结'很难说是就此了结。除非达成的条件在某些方面对'输家'有利，否则这个'输家'很快就会设法改变这种结局。与一盘棋赛不同，现实的谈判活动没有'终局'。"

"当一些人常常确信自己已经完全战胜了对手，并已迫使他们彻底认输时，我总是尽力向他们解释，可能对这个'最终'结果大有影响的持续性因素和副作用还多着呢！"

因此，近年来，谈判者一般都选择采用互惠的谈判模式取代传统的谈判模式。他们不再视对手为敌人，而是视对手为问题的解决者，谈判的目标也不是单纯获得谈判的胜利，而是在顾及效率和人际关系的基础上达成的对于需要的满足。而且，他们不再单纯把自身受益作为达成协议的条件，而是更多地探寻共同利益。互惠的谈判模式将取得你赢我也赢的结果，使谈判双方都能成为胜利者。

人是有感情的，因为人是有需要的。当需要得到满足时，人就会感到快乐；当需要得不到满足时，人就会感到痛苦。要想掌握人的行为，就必须从需要出发，了解某种行为要满足什么样的需要以及个人选择这种行为的理由

第十二章 高效谈判，幽默的语言令对手折服

是什么。所以，要想提高自己在谈判中获得双赢的谈判能力，就必须找出对方的需要，让对方相信，你现在就可以满足他的需要。

你是否已经看到那些同你交往的人们究竟需要些什么，你要采取什么样的方法，才能满足他人的需要，成功地与他人谈判？人们最核心、最强烈的需要毫无疑问应当是关系层次上的需要。人们都想得到他人的承认，被他人接受，受到他人的尊敬。当然，也不排除一些人想通过关系层次满足生存层次上的需要。因此，满足需要最重要的就是如何成功地打动别人。

最后，你要让他相信目前就有满足他需要的东西。这时你就可能已经成功地说服了他，达到了目标。可见，帮助人们满足他们的需要是在说服和谈判中取得成功的最重要的方法。

第十三章

幽默表达，让你的观点最具灵动性

托马斯·卡莱尔："幽默力量的形成主要在于我们的情绪，而不在我们的理智。你的幽默力量是你，是你以愉悦的方式表现出来的你。它表达出你个人的真诚，你心灵的善良，你对别人、对生活的爱心。你能够真正掌握幽默这种力量，那么你也能够表现不平凡的作为，创造有意义的人生。"用幽默的形式传递信息，表示自己内心感受和真实想法，常常会在与人交往中，收到出人意料的结果。

含沙射影，幽默表达

在社交中，避开与他人的正面冲突，巧用他物加以发挥，幽默地来表达自己的观点，往往能得到让人意想不到的效果。

传说古代有一种动物，长期潜在水中，善于口中含着细沙以击射附近的人，假如得逞，那个人的生命便受到危害。与传说中那种精灵的恶作剧不同，我们这里借用"含沙射影"一语来指代一种行之有效的幽默技巧。

含沙射影的幽默是当事人巧妙利用某一事件或场景为基点，将自己的观点用常规的逻辑顺序推导出来，从而在讽刺、挖苦中叫人感受愉悦的幽默方法。

这种技巧与我们所熟知的"借题发挥"幽默术有些相类似，但严格说来还是有区别的，相比较而言，前者更具讥讽和嘲弄的意味，因而很容易在畅然一笑之后给人以教益和启迪。我们先来分析一则：

过去有个茶馆老板的妻子结婚2个月，就生了一个小孩，亲朋好友都赶来祝贺。茶馆老板的弟弟也来了，他拿来了自己的礼物——纸和铅笔。老板谢过了他，并且问：

"贤弟，给这么大的小孩儿赠送纸和笔，不太早了吗？"

"不，"弟弟说，"您的小孩儿太性急。本该10个月出生，可他偏偏2个月就出世了。再过5个月，他肯定会去上学，所以我才给准备了纸和铅笔。"

包括弟弟在内的所有当事人，对茶馆老板的"早"得贵子无疑是有类同的看法的，只不过大多数人是心照不宣而已。而好事的弟弟偏偏要"哪壶不开提哪壶"，当众揭发出老板夫妇的丑。在这当儿，老板的疑问给了他一个借题发挥的机会。为了达到讽刺和幽默的目的，弟弟首先否定了老板的疑问，并紧接着根据事情的表象亮出了自己的看法：不是老板或老板娘行为的不检点使孩子这么快出生，而是"您的小孩儿太性急"。这样似乎得出了虚假的结论，但这并无妨于含沙射影术的运用，下面，弟弟在这一谬论的基础

> 达观的人生观，率直无伪的态度，加上炉火纯青的技巧，再以轻松愉快的方式表达出你的意见，这便是幽默。
> ——林语堂

上作了进一步推测，并最终证明了自己之所以要送给小孩子纸和笔的"远见"。

由此可以看出，在该种技法中，利用貌似"合理"的推理得出一个荒谬的结论，然后再将这个谬论作为进一步推导的前提，而其结论必然也是荒谬的。所以应当注意，在含沙射影幽默术的应用中，几乎始终是在与一系列本质上错误的结论相周旋。另外值得一提的是该种幽默法所具有的旁敲侧击的讽喻效果。

在上面的例子中，弟弟的用意显然是在于以"小孩儿太性急"为沙而射"嫂子未婚先孕"之影。前者是虚，后者是实，二者相得益彰，幽默效果也就自然形成了。

给人以教益和启迪是含沙射影法的另外一个特点，这是由于该方法的应用一般都有颇强的针对性。比如在主题的选择上要有所强调，这样有利于此后的论述乘势而发，而不流于空泛。既给人以轻松，又让人产生长时间的冷静思索，这两者的巧妙结合是含沙射影幽默法的情趣之所在。

借助他物，含沙射影地表达自己不便表达的观点，把自己的信息传达出去，不仅达成了自己的目的，还制造了幽默含蓄的喜剧效果。

需要指出的是，含沙射影的幽默法在运用上，一定要注意场合和分寸，超出了这个界限，不仅使幽默本身失去意义，还有可能伤害和他人之间的感情。

幽默心理学

运用幽默表达真正意图

在一家食品店里出现了下面这幅情景：

一个小男孩站在低低的柜台前面，凝视着一盒打开了的巧克力饼干。

"喂，小孩，你想干什么？"食品店老板跟他打趣问道。

"哦，没什么。"

"没什么？我看你好像是想拿一块饼干。"老板说。

"不，你错了！先生，我是想尽量不拿。"小男孩顽皮地回答。老板不禁被他的机智和可爱逗得哈哈大笑，于是，送给他一盒饼干作为"嘉奖"。

这位聪明的小男孩也正是利用了这种异曲同工的幽默技巧。本来他对美味望眼欲穿，馋得直流口水，但并不直说，而是直话曲说，"实话"巧说，表面上看去似乎是否定了老板的话，实际上等于将自己的意图变了个方式表达出来而已。

小孩子似乎很小的时候就学会以幽默力量来沟通，或借此达到目的。例如，小孩可能向父母要求一样他并不想得到的东西，以期得到他真正想要的东西。如下面这段对话：

玛丽："妈妈说不准我养狗。"

朋友："你不该这样直截了当地要。向你妈妈要个小弟弟，她就会买只狗来给你了！"

另外，从孩子的新观点上，也可以获得幽默力量。例如：

父亲责骂女儿太吵："你不是答应我要安静的吗？我不是跟你说好，你不安静的话就要挨打吗？"

下 篇
妙用心理学，发挥幽默的才气与灵气

"是啊，爸爸，"女儿表示同意，"但是我没遵守我的诺言，因此你如果不遵守你的诺言的话，也没关系！"

有时通过孩子，可以帮助我们看见自己的缺点，从而学到如何轻松面对自己。

周末，父子两人结伴到森林里露营。
"好了，很有趣吧？"父亲问。
"我想是吧，"儿子说，"只是下次，我们是不是可以带妈妈和番茄酱来。"

有时候，小孩的幽默力量比大人们更早预见先机。
孩子们还可以借助幽默来看父母的脸色。

小孩："爸爸，我长大了要当一名北极探险家。"
爸爸："好极了。"
孩子："可是我想立刻开始训练自己。"
爸爸："怎么个训练法？"
孩子："我每天要买一英镑的冰淇淋，这样我将来就能适应寒冷的天气了。"

突破常规式样，达到幽默目的，一个人在做某件事的过程中，采用了一种有别于常规的方式或方法而达到了完全相同的目的。不仅仅生活中是这样，就是我们日常所离不了的交流工具——语言也有类似的情况。
再如下面这个幽默故事：

妈妈上完夜班回家，拉开灯时，发现地毯上洒满了瓜皮果壳，并有一张醒目的字条。妈妈捡起来一看，只见上面写着：

第十三章 幽默表达，让你的观点最具灵动性

"妈妈,对不起,我困了,明天一定打扫。"

妈妈忍受不了脏,便拖过吸尘器忙乱了一阵。

打扫完后,妈妈上床睡觉,只见枕头上又放着一张纸条,上面写着:"妈妈,谢谢您!"

做奶奶的也有发挥讽刺性的幽默力量的时候。例如:

某女士有四个孙儿,来与她同住了一个月。

她告诉朋友说:"孙儿们来,带给我双重的欢乐!"

"怎么说呢!"

"他们来了,我很快乐;他们走了,我也很快乐。"

我们将能够突破常规的语言的特点运用到幽默当中时,它就成为一种很重要的幽默技巧。例如可以避开常规表达方式,而使用意味完全与之不同的另外一种语言模式来达到表达目的的幽默技巧。因此可以这样说,该种技巧之所以能够使整个幽默显得诙谐有趣,引人入胜,不在于它的雄辩,而在于它的构思新奇,不落俗套。

话不直说,含蓄表达

有些事直接发表自己的见解不太合适,容易让人误解或不愉快,含蓄表达是很好的方法,而且这种含蓄表达不同于修辞里的委婉修辞方法,它是形成幽默的一种语言艺术。运用含蓄的形式表达自己的意见、观点时,要曲折地、间接地表达,并带有一定的假设性,把你的意见稍作歪曲,使之变成耐人寻味的意思,请看下面一则对话:

作者:"老师,我这篇小说写得如何?"

编辑:"很好,完全可以发表。不过,有个地方得略微改动一下。"

下篇 妙用心理学，发挥幽默的才气与灵气

作者："这是真的？请你指正！"
编辑："只要将你的大名修改一下就行了。"

在这里，如果编辑直说"你这篇小说是抄某某作家的"，虽说简洁明了，但会使对方无法下台，也显得缺乏艺术。

在现实生活中，这种含蓄地表达自己观点的幽默方式，自然并不限于指出抄袭者，还可以运用到各种场合。

法国幽默大师贝尔纳有一天去饭馆吃饭，他对厨师的饭菜很不满意。结账后，贝尔纳请侍者把经理叫来。

贝尔纳对经理说："请你拥抱我。"

经理感到莫名其妙。

"永别啦，你以后再也见不到我了。"

如果贝尔纳付账后，立刻就说："你们这里饭菜质量太差我再也不来了。"如此直白地表述，但有些时候往往让人难以接受。他的幽默恰恰在于明明要贬抑厨师的手艺，却用夸张的方式、含蓄地表达自己的不满。

许多人之所以缺乏幽默感，就是因为太习惯于直截了当的表达方式。而幽默则与直截了当不同。要养成幽默感，就要学会迂回曲折的含蓄表达方式，明明看出抄袭也不直接说出来，而是夸张地假装承认他写得很棒。待他自我陶醉时，你才从某个侧面毫不含糊地点出来，让他自己心里明白。

在这样做的过程中，你得时时刻刻与自己想直截了当表达自己观点的愿望作否决。换个角度来表达你的意思。

常言道：大智若愚。即使你心里很明白事情究竟是怎么回事，但直接说出来可能会得罪人，这时不妨含蓄地以幽默的方式表达你的意思。例如：

编辑："这首诗是你自己写的吗？"
作者："是的。"

第十三章 幽默表达，让你的观点最具灵动性

编辑:"李白先生,我十分高兴看到您,我以为你死了已经有1000多年了。"

在这里把对方当作李白已经是一个很大的"错误"了,可还分量不足,再点出李白是1000多年前的人,让他感到你所表述的用意而无地自容。

说话含蓄是一种艺术,也是幽默的一大技巧。含蓄地表达幽默,是把重要的、该说的故意隐藏起来,而且把幽默寓于其中,却又能让人家明白自己的用意。

掌握这种幽默技巧有一定难度,它要求有较高的说话艺术和高雅的幽默感。它体现了说话者驾驭语言的能力和含蓄表达幽默的技巧,同时,也包含着对听众想象力和理解力的信任。

如果说话者不相信听众丰富的想象力,把所有的意思和盘托出,这样不但起不到幽默的效果,而且平淡无味,让人厌倦。所以,有的话不能直说,相反要把本来可以直说的话,故意用"含蓄表达"法表达,从而产生一种耐人寻味的幽默效果。

间接暗示,妙趣横生

我们平时所做的事、所说的话,如果通过直接的方式难以达到更佳的效果,那么就不妨设想别的可能性,寻找一种巧妙的间接方式,使对方更顺利地接受,同时幽默感也就油然而生了。

小张到一个公司去考察,看见员工办公桌的对面都放着一台电脑,却没有人使用。他觉得非常奇怪,就问经理:"那些电脑是干什么用的?"

"它们是我们公司的候补员工。"经理回答道。

小张更奇怪了:"为什么要让它们做候补呢?"

经理说:"我每天都警告我的员工,谁不努力工作,那些电脑就会取代他。"

经理对员工的激励方式就是暗示性的,他不曾对员工进行直接地训斥、指责，而是把那些"候补员工"摆在员工对面，让员工每时每刻都感受到强烈的暗示与压力，迫使员工采取更积极的姿态去努力工作。

间接的暗示远比直接的申斥更能令人动容，对心理的作用也显得更为持久，这不愧是一种高明的管理策略。与此同时，由于采取了暗示的方式，幽默的效果也是显而易见的。

有个老师在上课的时候，看到有女同学居然拿梳子梳头发。老师当然心里很不高兴，但他又知道在大庭广众之下公然批评这个同学会使她自尊受损，于是他想出了一个巧妙的方式。

他用手点了点自己已经半秃的头发，说道："年轻的时候我也像你们一样地梳头发，结果现在我的头发就这样了。"

此言一出，梳头的女同学再也不好意思梳下去了。

> 幽默是多么艳丽的服饰，又是何等忠诚的卫士！它永远胜过诗人和作家的智慧；它本身就是才华，它能杜绝愚昧。
> ——英国诗人司各特

采取间接的方式，把不便直说的意思暗示给对方，使对方经过思索之后深深领悟，不仅耐人寻味，而且妙趣横生，给我们的生活增添无限情趣。

间接表述的方式有很多，如顺应在先，后述观点也是其中之一。

平时的交谈中，如果对对方的观点有不同看法，直接驳斥又会伤及对方的自尊，那么就可以先顺应对方的原意和观点，等对方误认为自己赞同他的观点而完全放松警惕时，再利用对方的问话，巧妙地折回表达自己的观点，以便造成出其不意的效果。

有一个公司职员向经理提出了自己的请求："经理，我要求调到另一家公司去工作。"

经理忙问："你对这里的工作不满意吗？"

"不，经理，我不抱怨这个。"

幽默心理学

经理又问:"你在这里工作,不幸福吗?"

"不,经理,我不抱怨这个。"

经理再问:"你对你的工资待遇,感到不满意吗?"

"不,经理,我不抱怨这个。"

经理更奇怪了:"那你究竟为什么要走呢?"

职员答道:"因为在那家公司,我可以抱怨你上面提到的三个问题。"

经理听了,不禁笑了起来,很快他就给这个职员调换了工作,增加了工资。

职员对自己的工作本来是十分不满意的,但当经理问他时,他却故意顺应经

理的意思,一再声明"我不抱怨这个"。当经理确信不是以上原因时,职员却利用经理的问话,巧妙地折回自己的观点,道出自己要求调动的真正原因。表面不露声色,实际上却让经理接受了自己的观点,多么神奇啊,这就是声东击西的幽默所带来的力量。

类似的事例还有很多,让我们再来看下面一个故事:

在一个人头攒动的舞会上,有一位女士走到约翰面前问道:"先生,您看我有多大年纪?"

"看您漂亮的眼睛,像18岁;看您美丽的衣服,像12岁;看您修长的头发,有15岁吧!"约翰说道。

女士高兴得跳了起来:"您能否准确地说出我的年龄?"

"请把我刚才说的三个数字加起来!"约翰笑了笑,说道。

这位女士当然是希望约翰夸她年轻的,约翰就先顺应她的意思,把她描述得很年轻。等女士信以为真、狂喜不已时,他再借着女士的问话,突然巧妙地折回自己的观点,出其不意,同时,幽默的意味也得到了增强,让听众忍俊不禁,哑然失笑。

大智若愚,幽默表达

幽默还有一个显著的特点,就是大智若愚。无论多么充满智慧的话语,都会用轻描淡写的态度和故作糊涂的方式表达出来。

有一个小男孩,一向很机灵,当然也调皮捣蛋。为了解决他身上存在的问题,促使他在学业上取得更大的进步,父母专门请了一个心理学家来考考他。

在谈话的过程中,心理学家提出了一个问题,以考察他的知识面宽不宽。心理学家问:"你说说看,《战争与和平》是谁的作品?"

小男孩慢条斯理地回答说:"我不可能知道的,我才这么一点年纪,怎么会去读托尔斯泰的书呢?"

小男孩的回答就是典型的大智若愚,他声称自己不可能知道,但事实上他却已经把这个问题的答案准确地回答了出来。

可见,幽默本身就是一种智慧,一种创造,一种优美、健康的品质,一种超凡脱俗、宽容大度的性格。我们要想得到幽默感,有时候就需要使自己变得"糊涂"起来。

1. 模仿孩子的思维方式

童言无忌,孩子们说出的话是天真的、幼稚的,反映了他们对客观世界的真实认识。虽说他们的认识比较肤浅,往往停留在事物的表面,但由于他们的思想中没有成人过多的忌讳,脱离了成人的固有思维模式,因此常常能够说出一些妙趣横生的话来,逗得我们大笑不止。

父亲带着孩子去划船,船漏水了,父亲一筹莫展。

孩子问爸爸:"爸爸,你怎么不高兴啊?"

父亲说:"船头漏了那么大个洞,水一个劲儿地往船里流,我怎么高兴得起来呢?"

孩子说:"这有什么难办的呢?再在船尾凿个洞,水不就从那里流走了吗?"

在船面临沉没危险的时刻,孩子丝毫意识不到事情的严重性,仍旧保持着惯有的思维方式。而他提出的办法又是多么的可笑啊,如果不是事出紧急,父亲也一定会被他逗得开怀大笑的。

孩子的思维往往出其不意,是因为在他们的思维模式中,还加入了较多的想象成分,他们乐于按照他们自己的想法,去解释自己看到的一切事物,因此就造成了幽默的效果。虽说孩子的这种幽默是无意形成的,但却给我们有益的启示:我们只要模仿孩子的思维方式,不就可以轻易地达到幽默的目的了吗?

2. 有意掩藏自己的智慧

虚荣心很强的人唯恐别人不知道自己的高人一等，总要夸夸其谈，把自己吹得天花乱坠，结果他们在世人的心中轻如鸿毛。幽默感很强的人却往往把自己智慧的光芒掩盖起来，以一副愚蠢的面目出现在大家面前，有时还要故意说些傻话，逗得大家前仰后合，但却没人会以为他们是十足的傻瓜，相反大家都会为他们的智慧所倾倒。

有一次，一位外国使者前来拜见美国总统林肯，看见他正在细心地擦着自己的靴子。

这个使者非常惊讶，不由得发自内心地赞扬道："啊，总统先生，您太伟大了，您总是亲自擦自己的靴子吗？"

"不错，"林肯笑着回答，"那么，你平时都是擦谁的靴子呢？"

表面上看，林肯的回答是愚蠢的，他怎能不知道对方的问话是什么含义呢！但他却故意在"擦自己的靴子"与"擦谁的靴子"上装糊涂，给对方来个机智的幽默。

把自己的智慧掩盖起来，故意对相当明显的事实视而不见，让自己的思维在看似愚蠢的地方寻找突破点，说出的话就会很有情趣，让人忍俊不禁。

故作糊涂，并不是真的糊涂。明明聪明过人，却故意掩盖起来，以一副愚者的面貌出现，正是高度智慧的表现。我们常说这样一句俗话："一瓶水不响，半瓶水晃荡"，褒扬的是一种谦虚的美德。大智若愚的幽默思维也恰恰展现了这种美德，因此从这个意义上说，幽默也是一种高贵的美德，需要我们在运用的过程中，把高尚的人品完全展现出来。

3. 傻言傻语，妙趣无限

有意抛弃我们固有的理智思维模式，而采取幼稚的、愚蠢的、让人不可思议的思维模式，说出一些傻言傻语，带来妙趣无限的幽默语言。

能够做到这一点的人，胸怀必定宽广，他们不会为了一时一事的得失而斤斤计较，也不会为了虚名、钱财、权势而四处钻营，他们心态平和、淡然处世,时刻保持一颗童心,以纯真的心灵来面对这个物欲横流的社会。在某种特定的情景中,往往会用故作糊涂的傻言傻语,给大家带来欢乐,给社会带来纯净。

罗西尼是意大利著名的作曲家,在国内拥有大批热情的追随者。有一次,他听说那些富有的追随者准备集资为他塑一座雕像,他很是感动。但当他知道塑像的钱竟达到1000万法郎时,他惊呼道:"天啊,1000万法郎!如果他们肯给我500万法郎,我情愿亲自站在雕像的底座上!"

在这里,罗西尼是爱钱吗?不是的,如果他需要钱,他的那些追随者会把大量的金钱给他送来。他用这样的傻言傻语,所要表达的是对用巨资给他塑像的不以为然,他认为完全没有这个必要,才用这种方式表示了反对。

在故作愚蠢的背后,表现的是一种超常的幽默思维和过人的高超智慧。这种思维模式在几乎所有的幽默语言中都得到了运用,为我们的生活增添了无限趣味。

一语惊人,简洁明了

语言不是万能的,不过有时候一句话却能够在适当的场合发挥出千言万语都不能达到的作用,这也就是"以不变应万变"的思想在语言领域里的具体应用。

"一语惊人"的幽默有"秤砣虽小压千斤"的力度和"片言明百句,坐役驰万里"的广度。由于"一语惊人"的幽默具有这一特点,我们在交谈中使用这一技巧时,就应该用最简洁、明了的语言表达出自己的意思,切忌拖泥带水。

在萧伯纳访问苏联期间,一天早晨,他照例外出散步,一位极可爱的小姑娘迎面而来。萧伯纳叟颜童心,竟同她玩耍了许久。临别时,他把头一扬,对小姑娘说:"别忘了回去告诉你的妈妈,就说今天同你玩的可是世界上有名的萧伯纳！"萧伯纳暗想：当小姑娘知道自己偶然间竟会遇到一位世界级大文豪时，一定会惊喜万分。

"请您回去后也告诉您的妈妈，就说今天同您玩的是一位苏联小姑娘！"小姑娘回敬道。

上面故事中，苏联小姑娘不但"一语惊人"，"惊"的还是一个伟大的人物。她聪明幽默地展示了人人平等、自信等值得赞扬的信念，从而一语惊醒了表现得有些骄傲的萧伯纳。

就像上面故事中的萧伯纳一样，一些做出了伟大成就的人有时会有自大的毛病，说话、做事也会以自己为中心，甚至把自己看成是别人的骄傲。作为他们身边的人，你有责任委婉地提醒他们不要过于狂妄自大，这不但能够保护自己免受他们的轻视，而且对他们自己也是很有好处的。

有一次，拿破仑对他的秘书说："布里昂，你也将永垂不朽了。"布里昂迷惑不解，拿破仑提示道："你不是我的秘书吗？"布里昂明白了他的意思，微微一笑，从容不迫地反问道："那么请问，亚历山大的秘书是谁？"拿破仑答不上来，便高声喝彩："问得好！"上面这个幽默的例子，应该属于机辩的类型。

机辩在某种程度上讲，有一定反击性。当对方出言轻慢足以伤害你的自尊心的时候，及时地、机智幽默地加以反击，也就能一语惊醒他。下面这个故事中病人所用的也是一语惊人式的幽默。

"能告诉我，你为什么要从手术室跑出来？"医院负责人问一个万分紧张的病人。

"那位护士说：'勇敢点，阑尾炎手术其实很简单！'"

"难道这句话说得不对吗？她是在安慰你呀。"负责人笑着对病人说。

"啊，不，这句话是对那个准备给我动手术的大夫说的！"病人幽默地画龙点睛，鲜明地表达出自己对医生手术水平的怀疑。本来一个不容易启口的事情，被他幽默含蓄地表达清楚了。

语言是交流的工具，它能表达人们的思想和情感。同一个意思，长短不同的句子具有不同的表达效果，一般书面语中用长句子的时候较多，因为书面语讲求逻辑严密。但是在日常生活中，为了表达和接收的方便，我们则较多使用短句表达我们的想法。

一般的生活用语大都简短有力。在日常交流中，经过很长时间的沉默后，以一两句画龙点睛的话去作总结，就会产生令人难以抗拒的幽默效果。

第十四章

游刃职场，幽默助你的工作更轻松

现代人工作压力大，工作中的人际关系头绪纷杂，这导致人们在工作中事事小心，身心疲惫。面对这种情况，在不影响工作的前提下，可以和同事、上司、下属开个适度的玩笑，幽默一下，活跃一下办公室的气氛，这样不仅有助于提高自己的工作效率，同时也能赢得同事的信任和领导的信赖，让自己的工作更轻松。

幽默谈吐，让同事关系更融洽

在工作中，幽默的谈吐总能给同事的闲聊锦上添花，让大家的交流变得其乐融融，那些富于幽默的人也就受到了同事的欢迎。或许，大多数人习惯性将同事介于朋友之外，常常觉得和同事们没什么共同话题，更有一些人觉得同事之间的关系会因为利益关系的存在而非常微妙，同事之间的对话也常常只是一些诸如"今天天气怎么样"之类的寒暄。

其实，同事之间，大可不必如此拘谨。如果一直这样的话，我们的生活难免乏味，工作难免枯燥。我们与同事们在一起的时候，不妨添加一些幽默元素，增添一些闲聊的乐趣，让我们的日常工作生活也多彩起来。

连续下了五天的雨。公司的几个同事在一起闲聊天气。

一个人说："最近怎么一直下雨呢？"

一位老实的同事规矩地回答道："是啊，都五天了。这样下去何时能结束呢？"

一位喜欢加班的同事接上说："龙王爷竟然连日加班，看来想多捞点奖金！"

另一位关注市政的同事则说："玉帝也太不称职了，天堂的房管所坏了，都不派神仙去修，老是漏水！"

最后，一位喜爱文学的同事说道："嘘，你们小声点！别打扰了玉皇大帝读长篇悲剧。"

像这样日常闲聊里的一点幽默色彩，不但让简单的话题显得更加生动，而且让参与的人在幽默风趣的气氛中舒缓了心情。假如几个同事刚刚完成了一件工作，疲惫不堪，这样闲聊几句，嬉笑之余也会减轻身体和心理的疲惫，接下来，他们就会以更大的精力去应付下面的工作了。

为了调节矛盾，每家公司都会有不同的解决办法。

下 篇
妙用心理学，发挥幽默的才气与灵气

一家著名的日资大企业解决同事矛盾的方法就比较奇特——设置了一个"泄气工程系统"。而这个系统竟然较好地解决了许多员工在工作中遇到的很多问题，我们来看一下这个系统中的一个组成部分。一天，两个员工因为一点小事争吵起来。正当他们吵得不可开交的时候，上司把他们带到哈哈镜室，让吵架的两个人看看自己镜中扭曲的狰狞面孔。

刚开始，他们还强忍着不笑，但在哈哈镜面前站了两三分钟的时候，他们竟都不自觉地哈哈大笑起来。大笑之后，这两人的心情都舒畅了不少。

然后，上司就把两人带到了思想劝导室，对他们的矛盾做出详细的分析，让他们意识到各自的错误。很快，两人就握手言和重归于好了。

这家日资企业利用了哈哈镜逗人发笑的原理，让郁闷的双方心情缓和后，再来解决问题。这种利用外物的搞笑手段来缓解人们紧张情绪、解决工作矛盾的方法，很值得我们借鉴。

工作是我们赖以生存和发展的手段。在工作中，我们有成功的欢乐，有晋职的喜悦，也有人际关系的不协调给我们带来的烦恼。如果运用幽默，我们的工作肯定会一帆风顺，同事间的关系也会更融洽。

陈英在一个会计部门任职员。有一次发薪水的时候，她竟然收到了一个空的薪水袋。她没有气得暴跳如雷，也没有破口大骂，只是以轻松愉快的口吻去问负责的人："怎么回事？难道说我扣除的薪水，竟然达到了整个月的薪水了吗？"当然，陈英最后得到了补发的薪水。

陈英用一种宽容的态度对待同事偶然犯的错误，并用自己的幽默避免了与同事的争吵，这样的人当然会受欢迎。

幽默的建议，更容易被采纳

在职场中，下属常常需要向上司表达出自己对所从事工作的一些看法和

第十四章 游刃职场，幽默助你的工作更轻松

对工作或业务发展的建议。有些下属在表达自己的看法或者建议的时候，常常因为在语言表述上的失当之处，让上司对自己颇有微词，从而致使自己的一些看法或建议不容易被上司认可。更严重的，还有可能使上司对自己产生一些偏见，使自己在单位中的处境变得不乐观。

下属对上司提意见是一件需要技巧的事情。在各种向上司表达看法的方法之中，借助幽默的语言是一种比较可取的方法。

一位将军在早上视察士兵的时候，顺便询问了一下士兵们的早餐状况。大部分士兵都含糊其辞地对他说"还行""可以"，只有一位士兵很满足地说："半片西瓜、一个鸡蛋、一碟腊肉、一碗麦片粥、两个夹肉卷饼、三块蛋糕，长官！"

将军听了之后，满是疑惑地问这位士兵："这都快赶上国王的早餐了！"这位士兵毕恭毕敬地对他说："长官，很遗憾，这是我在外面餐馆吃的。"

这次视察之后，将军马上下令改善了士兵的伙食待遇。

这是一位很善于迂回表达对军中伙食不满的士兵，他用有些幽默俏皮的语言既让长官一下子就明白士兵们想要的伙食标准，又让长官很容易接受自己的想法。一个小小的幽默就能产生这样奇妙的效果。

在职场中，我们虽然不能简简单单地把收入直接等同于能力，但收入毕竟是我们工作能力或工作价值的一种反映，我们都渴望我们的工作业绩能够跟我们的收入成正比。

当员工们的业绩和收入不太一致的时候，员工们当然希望向上司表达出自己提升工资的愿望。但是这种提议就像一个雷区一样，需要员工们在合适的时间、合适的地点，非常机智地向上司表达出来，才会让上司更容易采纳，否则不但加薪不成，反而会引起上司的反感，甚至会因此被上司逐渐疏远。

李祥在一家外资企业工作，他是一个非常有才华而且富有智慧的人。有一次，他接连两次提出的建议都被公司主管采纳了。很快，这两个建议就使公司的销售业绩分别提高了20%和12%。

公司老板非常高兴，鼓励李祥说："继续加油干，我不会亏待你的！"李祥听了老板的话，很开心地说："您就放心吧，我相信您会让这句话放进我的薪水口袋中的！"老板会意地笑了，爽快地说："会的，一定会的！"不久，李祥如愿以偿地加了薪。

李祥巧妙地用诙谐的言语轻轻松松就让老板的鼓励变成了实实在在的钞票。他能够达成自己的愿望，就在于他成功地将加薪的严肃问题变成了非常俏皮的玩笑话。

在工作中，不同职位的员工对工作都有自己的不同理解，上司不一定永远都是对的。对一个称职的员工来说，有自己对工作原则的一贯坚持也是一件极其重要的事情。敢于指出上司工作中的不足是需要勇气的，而能够比较幽默地"以其人之道，还治其人之身"，则可以让上司有一个足够深刻的认识，从而对自己的不足产生比较深刻的反思。

幽默应变，谈笑间应对工作难题

当工作中遇到困难时，幽默应变能力体现在能否用幽默的语言和诙谐的玩笑，使紧张的气氛变轻松，使窘迫的场面变自如，使危急的形势得到缓解，使被动变为主动。

在一次企业管理学的讲座上，主讲是一位年轻的教师。面对众多资历深厚的经营者，他是这样开场的："在座各位都是著名的企业管理者，年纪也都比我大，在企业管理上都有自己独到的经验。在这一点上，我当诸位的学生还怕不够格呢！那么，我有什么可讲给大家听的呢？我只不过是将世界上最先进的企业管理学者们的理论和思想传播给大家。所以，大家以后只要把我看成世界级企业管理大师们的布道者就行了。"

大家听后，都会心一笑，现场气氛顿时活跃了起来。

这位青年教师，通过这段幽默的开场白，表达了自己在管理经验上的不足，取得了在座大企业家们的认可，又通过含蓄幽默的话说明了自己在企业管理理论上还是有一定成就的。就这样，青年教师在博得了一阵笑声的同时，也改变了企业管理经验丰富的学员们对自己的不信任态度。这就是随机应变的幽默在应付工作难题方面的表现。

身在职场，几乎人人都需要幽默的力量。在工作中，幽默地应变工作中的意外情况常能起到意想不到的作用。

领导者在工作过程中，有时会发生一些意料之外的事。如果领导者没有运用幽默应变的能力，事情处理不当，就会使信息交流受阻，影响工作目标的实现。因此，领导者必须培养自己应付突发事件的能力。

有一次，某市长到下辖的县级市去视察工作。该县级市的副市长姓管，正准备向市长汇报工作、申请城市建设贷款。这位市长听了汇报，幽默地说："管市长，你一来，我就紧张。我是市长，而你是管市长的。贷款一定给你们。"管市长也幽默地回答说："我只能管小市，不能管大市。"两位市长都是幽默感和应变能力很强的人，在谈笑间就解决了工作上的大事。

聪明的人会发现，幽默在工作中最直接的表现形式就是应变的能力，解决工作中难题。但是同时，幽默还具有给他人带来喜悦，摆脱困境，增进与别人的相互了解，改善关系等功用。

不论你从事的是什么行业，不论你是个生手还是熟手，老板还是属下，幽默的力量都能帮助你与他人进行沟通和交往，帮助你解决工作中的难题。

加薪是每个公司员工都热切盼望的事，如果辛勤的工作迟迟得不到应有的回报，势必极大影响工作的积极性。但如何争取加薪的机会呢？在这方面你不妨来点幽默，试一试幽默而含蓄地提出自己的加薪要求，这样做比直截了当的生硬要求效果要好得多。

老张在工作上一直积极主动，工龄也够长了，但公司却很长时间没有给他加薪，这让他感到非常苦闷，他决定找机会向老板提一下。

一天午餐时间，老张在餐厅遇到了老板，就热情地和他打招呼并坐在一起吃饭。老板看到老张餐盒里只有一样青菜，就说："老张，平时也吃这么少吗？"老张笑了笑说："开源不行，所以就要节流嘛，谁让咱挣得少呢！只是可怜我一把年纪了还要赶时髦，跟年轻人一起减肥，哈哈……"

老板听完也是一笑，当时并没有任何表示，弄得老张心里有些忐忑，担心自己是不是弄巧成拙了。结果到了月末，老张真的得到了梦寐以求的加薪。

工作中，面对自己的成就骄傲自夸，会拉开你和别人的距离，使自己站在他人的对立面。这时不妨运用幽默，调侃一下自己的业绩和优点。

我们认为"谦虚是美德"，并不是说凡事都要过于谦让，不与人争。在凭借自己的才能取得工作成绩时，我们一方面要强调那只是"幸运"或"大家的帮忙"，另一方面也要用委婉的方式表明自己的努力也是取得成功的关键。必要时，甚至不妨幽默地吹嘘一番。

最后，还要注意，面对工作成就，当你以幽默的方式表达谦虚的时候，应该是一种发自内心的，真诚的表达。

富于幽默，捕捉更多的机会

在当今社会，各种工作机会的竞争都极为激烈，怎样让自己在众多的竞争者中脱颖而出是极为重要的事情。尤其是对刚毕业的大学生来说，如何能够在找工作的时候做好自我推销是一门需要好好研究的功课。在面试的时候，自我展示的好坏是影响成败的一个关键。因此，一定要保持头脑的活跃，多想一些幽默的点子，尽情展示自己。如果你能做到这些的话，相信对你获取更多的工作机会将有意想不到的效果。

李夏毕业于某名牌大学。她非常喜欢媒体的工作，于是就打算在报社找一份工作。她了解到当地有一家报社非常知名，而且比较适合自己，于是她

直接找到这家报社，对人事主管说："你们需要一个编辑吗？"

"不需要。"主管回答。

"需要记者吗？"李夏又问。

"不需要!"主管又答道。

"排字工人呢？"李夏锲而不舍。

"不需要，我们现在没有空缺的职位!"主管有些不耐烦。

"哦，那你们一定需要这个!"说完，李夏从公事包中拿出一块牌子，做工非常精致，上面写着"额满，暂不雇用"。

主管看了这块牌子，眼睛一亮，笑了笑，并让李夏先到休息间待一会儿。随后主管马上打电话给老板，说了这件事。几分钟后，老板来到休息间对李夏说："小姑娘，如果愿意，请你到我们广告发行部工作吧。"

李夏用自己精心设计的幽默充分地向这位人事主管展示出自己的智慧和才华，给对方留下了一个极为深刻的印象。正因为如此，李夏才能抓住这样一个没有工作机会的工作机会。

在找工作的过程中，面试需要把准备工作做足，需要对可能会被用人单位的负责人问到的问题做好充分的设想。同时，还要对一些用人单位随机考察面试者反应能力和思辨能力的问题，做好心理准备。这样，在你遇到自己意料之外的一些问题的时候，就不会产生心理上的慌乱，从而使你保持足够的冷静，并能够从容应对一切问题。

一位经理问一位面试者："你认为乔丹和罗纳尔多谁更厉害？"

面试者得意地说："在我看来，他们俩都没我厉害!"经理十分诧异，皱着眉头，等着面试者的进一步阐述。

"我要跟乔丹踢足球，跟罗纳尔多打篮球!"经他这么一说，经理大笑起来，不停地赞许。后来，他果真被录用了。

在严肃、紧张的面试场合，幽默机智不仅可以使自己放松，也很容易使考官记住你,从而令你能在众多的面试者当中脱颖而出。

一次电视主持人招聘面试中,考官问一位女学生:"三纲五常中的'三纲'指什么?"这名女学生立即答道:"臣为君纲,子为父纲,妻为夫纲。"她刚答完,面试现场就是一阵哄堂大笑。很明显,她把三者关系颠倒了。

笑声停止之后,她补充道:"我指的是新'三纲',我们国家人民当家做主,领导是人民的公仆,当然是'臣为君纲'!我国的计划生育产生了大量的'小皇帝',这不是'子为父纲'吗?如今,妻子的权利逐渐升级,'妻管严''模范丈夫'流行,岂不是'妻为夫纲'吗?"她话音刚落,现场就爆发一阵热烈的掌声。这位女学生幽默的口才与智慧,显示了她超强的实力,赢得了评委们的赞赏,使她顺利通过了面试。

很多人在刚面试的时候都会略显紧张,也会有不少有能力、有才华的人为此失去了工作的机会。失去一次工作机会不可怕,只要我们不轻易放弃,就会有希望。有的时候,在看似已经没希望的背后,可能还会有意外的机会。

幽默能给人带来很多东西,也可以潜移默化地改变我们。可以说,哪里有幽默,哪里就有活跃的气氛;哪里有幽默,哪里就有笑声和成功的喜悦。为此,我们一定要让培养自己的幽默感成为一种习惯。

幽默言语,获得领导赏识

勤奋工作的业绩是赢得荣誉的基础,而工作业绩的认可主要由上级领导决定,因此,能不能赢得上级领导的赏识、肯定和支持就决定着能不能获得荣誉。

对于许多职员来说,最大的苦恼莫过于工作努力,却得不到领导的赏识。美国人力资源管理学家科尔曼说过:"职员能否得到提升,很大程度不在于是否努力,而在于老板对你的赏识程度。"那么,怎么才能脱颖而出

幽默心理学

呢？对上述问题很苦恼的人或是想要有一番作为的人，可以试试在领导面前化严肃为幽默的交流方法，或许有收获。

某公司开始实施销售业绩倍增计划时，主管召集下属严厉地训话："各位，现在是我们加油的时候了。从明天开始，早上七点半大家就要到这里集合。八点钟一响时，大家就要立刻向外去推销！"

大家都不满地抱怨时间太早。

这时有位凡事讲求效率和正确性的员工，不慌不忙地反问道："请问……是时钟开始敲八下时，还是敲完八下才往外跑？"

主管过于严格的要求可能会招致他人的不满，这时上面这位聪明的员工就使用幽默的语言把众人的注意力转移到自己的身上，使尴尬紧张的气氛重新轻松下来。员工的这个幽默既帮了主管的忙，又使主管看到他在较关键时刻的应变能力，从而使他获得主管的赏识。

领导不论身居什么样的要职，也都是人不是神，他一样会有普通人的喜怒好恶，也可能在个人喜怒好恶的支配下说出一些令人尴尬的话，做出一些有可能招致误解的举动。此时，下属应抓住人们对领导言行错愕不解的心理，采取适当的举动顺水推舟，把领导无意说出的过于直白、犀利的话朝幽默的方向引导，使人们认为领导在开玩笑，从而放松了紧张的情绪。这就让领导觉得你是和他站在一边的，你自然也就获得了领导赏识和信任。

所以幽默对于获得领导的赏识具有一定的作用，不过要想从根本上解决问题，还需要你对自己的客观情况进行深入思考。如果你工作得很辛苦，但却没有效率、没有成绩，则得不到领导的赏识也是可以理解的。如果你的工作有成绩，同伴中谁都比不上你，还要考虑你的工作性质，是否属于那种经常加班、特别辛苦忙碌的工种，像文秘人员、勤杂人员等，该类人员在其他单位是否也如此。而如果以上情况都不是，那你就有必要另想办法来引起领导的注意，改变其错误的做法。假如仍然不起作用，你就要考虑离开该企业了，去寻找能实现你个人价值的工作单位。

下篇
妙用心理学，发挥幽默的才气与灵气

委婉表达对同事的意见

在工作中，同事之间容易发生争执，有时搞得不欢而散甚至使双方结下芥蒂。发生了冲突或争吵之后，无论怎样妥善地处理，总会在心理、感情上蒙上一层阴影，为日后的相处带来障碍，最好的办法还是尽量避免它。我们可以委婉表达对同事的意见，运用幽默的方式避免与同事"交火"。

有一家公司的餐饮部，伙食很差，收费却很贵，职员们经常抱怨吃得不好，甚至还骂餐厅负责人。

有一回一位职员买了一份菜后叫起来。他用手指捏着一条鱼的尾巴，从盘中提起来，向餐厅负责人喊道："喂，你过来问问这条鱼吧，它的肉上哪儿去啦？！"

当我们对同事所做的事情有不同意见时，我们可以以开玩笑的方式轻松、坦诚地进行表达，这样既能使同事认识到他们的错误，而又不至于伤害同事之间的感情。中国人常用这么一句话来排解争吵者之间的过激情绪：有话好好说。这是很有道理的。据心理学家分析，措辞过于激烈武断是同事之间发生争吵的重要原因之一，因此，我们在对同事的某些做法不满时，要善于克制自己，委婉地表达自己的意见。

如果你面对的是一位不合作的同事，首先要冷静，不要让自己也成为一个不能合作的人。宽容忍让可能会令你一时觉得委屈，但这不仅表现你的修养，也能使对方在你的冷静态度下平静下来。心胸开阔是非常重要的。任何人都会出现失误和过错，对别人无意间造成的过错应充分谅解，不必计较无关大局的小事情。

同事之间有了不同的看法，最好以商量的口气提出自己的意见和建议，语言得体是十分重要的。应该尽量避免用"你从来也不怎么样……""你总是弄不好……""你根本不懂"这类绝对否定别人的措辞。而对同事的错误采用幽默的方式来指出，不但具有幽默的意境，而且会在气氛和谐中收到事

半功倍之效。

一个女员工星期一上班迟到了。男员工问她:"小姐,星期天晚上有空吗?"

"当然有,先生!"姑娘乐了。

"那就请您早点睡觉,省得您每个星期一早上上班迟到!"

男员工对女员工的提醒是善意的,又以幽默委婉的方式表达出来,使女员工更容易接受。每个人都有自尊心,伤害了他人的自尊心,必然会引起对方的反感。即使是对错误的意见或事情提出看法,也切忌嘲笑。

幽默的语言能使同事在笑声中思考,而嘲笑却使人感到含有恶意,这是很伤人的。真诚、坦白地说明自己的想法和要求,让同事觉得你是希望得到合作而不是在挑他的毛病。同时,要学会聆听,耐心、留神听同事的意见,从中发现合理的部分并及时给予肯定或表示赞同意见。这不仅能使同事愿意和你接触,也给自己带来思考的机会。如果双方个性修养、思想水平及文化修养都比较高的话,做到这些并非难事。

幽默自夸,让人愉快地接受

自夸的幽默技巧也能被应用在自我宣传中。与其说自夸可耻,毋宁说它是一种宣传、广告,是所有商业行为的基础。但是,在向别人推销自己时,如果言辞太过于自夸,还是不太容易被接受的。不过,同样是一句自夸的话,若是由具有幽默感的人来说,可能就比较顺耳。

小张应聘一家日报社采编人员,在入围面试的10个人中,无论从学历,还是所学专业来看,他都不是最突出的,但他的幽默感却引起了评委们的注意。

在面试时,面试官让他介绍一下自己的优势与不足。小张是这样回答的:"我的优势是有过两年的办报经验,并且深爱着报业这一行。每当我拿起一张报纸,总不自觉地给人家挑错:题目是否显得累赘,哪个词用得不

下篇 妙用心理学，发挥幽默的才气与灵气

合适，哪个错字没有校对出来，版面设计合不合理，是不是碰了题、通栏了……甚至有时上厕所，也忍不住捡起别人丢在地上的烂报纸看……"听到这里，面试官都不约而同地笑了。

事后小张了解到，一开始他并不被看好，但其他参加面试的人的回答都过于"正统"和"死板"，正是他的灵活与幽默让挑剔的面试官觉得他更适合干记者这一行。于是，不起眼的他脱颖而出，"幸运"地被录用了。

由此看来，在面试的时候，适当地运用幽默多么重要，它不仅可以让一场开局并不顺利的面试得以延续，还有可能让招聘方忽略你笔试成绩或是其他如学历、专业条件上的不足。

求职面试时的自我介绍是非常重要的，它很可能决定着求职的成败。所以，每一位求职者都应对其保持高度重视。由于求职面试更多的是反映一个人的应变能力，所以，在自我介绍时，应该侧重于表现自身的创造性。这也是一个人能力和素质的最好体现。

一位刚大学毕业的年轻人去一家外企应聘。面对众考官的问题，他对答如流。最后，考官们递给他一张纸，上面是一道一句话的翻译题，里面有许多他从未见过的英文单词，他停下来苦思。

最后，这位大学生给出了他的答案："这句话的意思是我最好到别处去工作。"说完，他对着考官们耸了耸肩，一脸无奈的表情。众考官均被他的幽默所感染，为他亮了绿灯。

可见，在面试的过程中，即使是遇上了专业知识上的难题，也不表示你已经失败。相反，如果你能够使用幽默的技巧背水一战，说不定就能扭转乾坤。

在这商业化的社会里，积极地推销自我能力的人越来越多，虽然能力的高低是重要的决定因素，但推销方法的高明与否也往往是成败的关键。有些人虽然颇具才华，可就是因为方法不好，却不能给人好的印象。如果在自我推销的过程中加入幽默的成分，相信会收到事半功倍的效果。

第十四章　游刃职场，幽默助你的工作更轻松

美国著名销售大师杰弗里·吉特默为他的猫制作了一张名片。每次推销的时候，他都会跟客户说："我的丽托猫有一张自己的名片。她是我的吉祥物。无论我要找哪份重要文件，总会发现她躺在上面，这很有趣。而我每次参加研讨会的时候，我总会散发它的名片。原因只是为了逗人一笑。但是，每个收到名片的人都会保留它，把它拿给别人看，并和别人谈论我。"

杰弗里·吉特默为他的小猫设计名片并到处分发，是多么有趣又聪明的创举。如果有人给你一张这样的名片，你会怎么想？你会通过它而记住对方吗？很明显，通过这种方式，杰弗里·吉特默成功地推销了自己。所以，请记住名片是你的形象代表，它应当有新意、吸引人。

美国职业棒球界的某选手曾夸耀他自己的跑步速度说："我若告诉你我能跑得多快，您恐怕要吓死哦！只要我打出全垒打时，观众还没听到球棒打到球的声音，我人可能已经到一垒了。"——这么说来他的速度简直就是超音速了！

显然，这是一个以幽默的方式来夸耀自己的说法。

自夸的话语之所以听起来很逆耳，是那些话语中经常带有夸张不实的描述，或许我们可以更肯定地说，自夸的话多少有些吹牛。可是，现在是个爱秀的时代，强鹰若是不张爪，可能将捕不到好猎物。

不过话虽如此，过分或过于低俗地自我炫耀，只会招致别人反感。因此一句话要想起到兼具自我宣传和自我炫耀的作用，必须具有适度的幽默感，并让人能愉快地接受。一句话，自我推销要大胆新颖，自我宣传要幽默适度。

第十五章

幽默管理，做有亲和力的上级

克雷夫特公司总裁毕尔斯认为："幽默感是衡量一个领导人是否具有活泼、弹性心智的重要标志。有幽默感的人通常不会把自己看得太重要，而且比较能做出好的决策。"具有幽默感的领导自身散发着一种亲和力，能够拉近与下属之间的心理距离。在管理工作、与下属沟通时，适当地使用"幽默"这个撒手锏，不仅能帮你解决棘手的问题，还能为你的管理锦上添花。

幽默心理学

做幽默的领导，提升自己的亲和力

各行业人士都对幽默的作用给予很高的评价，工商业界高阶层的领导人更是借助幽默来改变他们在职员心目中的形象，改善大家对整个公司的看法。每一阶层的领导人和经理人在建立与下级的良好关系上，也都转而向幽默求助。他们都希望下属把他们看成有亲和力的上级。

有一次，美国329家大公司的行政主管参加了一项由某业务咨询公司的总裁霍哥先生主持的幽默意见的调查。调查发现：97%的主管人员相信，幽默在商业界具有相当的价值；60%的人相信，幽默感能决定一个人事业成功的程度。

下面是一个下属对他的老板的看法：

"我的老板，也就是报纸发行人，是世界上最伟大的幽默家之一。"杰米说，"至少以他经常说笑话而言，他是当之无愧。例如他在办公室里设了一个建议箱，多半从里面得到些笑话来讲。但是他太喜欢自己的笑话了，常常花很多时间去编撰。"

> 恩格斯说："幽默是表明人对自己事业具有信心并且表明自己占有优势的标志。"

"他常常去开这个箱子，然后滔滔不绝地说起来：'这个建议箱真不错，是用上好的松木做的。你可以从洞里看出是多节的松木，你可以看到洞里风光。但是底部没有洞，你看不到地板风光。'"

从中我们可以看出杰米的老板是多么渴望在下属心中树立起他幽默、易亲近的形象。其实，不管那位老板的做法能不能取得大的成效，只要他心中有一种和员工亲近、交流的想法，相信他一定能与员工达到良好的沟通，建立一种和谐的关系。同上面那位老板相比，下面这个故事中主管的做法更为高明。

下 篇
妙用心理学，发挥幽默的才气与灵气

艾科是某大公司中一个部门的主管。身为经理，他的困惑是："我这部门里的人真正喜欢我吗？"幸而艾科有幽默感，他开始把它发展为幽默力量。我们来通过发生在圣诞节期间的一件小事，看看他的幽默力量是如何发挥的：

艾科去开一项业务会议回来，发现他属下的职员们聚在办公桌旁，哼唱着韩德尔的神曲《弥赛亚》中的一段——哈利路亚大合唱。由于他的出现，每个人都匆忙奔回工作岗位。

但是艾科没有皱眉头表示不悦，也没有大声责骂，只是说："我想你们并不精于此道。"

艾科通过幽默的方式让职员感受到他是容易亲近的。

《芝加哥论坛报》工商专栏的作家那葛伯，也曾经访问了很多家大公司的主管人员。葛伯对访问结果进行整理汇总后发现，越来越多的高阶层的领导人希望他们在同事和大家眼中的形象更人性化一些。这些领导人力求让员工一同笑。不过有的时候，老板的讲话方式不妥也会使部下很不愉快。这就是造成彼此对立的一个原因。因此，老板不应当仅仅看到部下的工作情况和成绩，还应当了解他们内心的烦恼。老板讲话时要极为慎重，注意不要伤害部下的感情。

幽默的领导比古板严肃的领导更易于与下属打成一片。有经验的领导都知道，要使身边的下属能够和自己齐心合作，有必要通过幽默使自己的形象"人性化"。

那么怎样才能使自己成为一个幽默的领导呢？

首先，要拓宽自己的知识面。当领导要博览群书，知识积累得多了，与各种人在各种场合交流就会胸有成竹，从容自如。

其次，要提高观察力和想象力。领导要善于运用联想和比喻。作为一名企业的领导，要有意识地训练自己对事物的反应和应变能力。

再次，要增强社会交往能力。多参加社会交往，多接触形形色色的人，也能够使自己的幽默感增强。

第十五章 幽默管理，做有亲和力的上级

最后，培养高尚的情趣和乐观的信念。一个心胸狭隘、思想消极的人是不会有幽默感的，幽默属于那些心胸宽广，对生活充满热忱的人。

善用幽默，拉近与下属之间的距离

人人都喜欢温暖的春天，而不喜欢寒冷的春天。同样的道理，作为上司，如果一味注重容貌的恭敬和严肃，就会显得像秋天一样缺乏趣味和情趣，不免会使下属产生敬而远之的心理反应。无论是在工作，还是在生活中，大多数人都崇尚快乐，拒绝严肃，所以要做像春天般的灿烂一样受欢迎的领导，就应该顺应下属的心理，使他觉得快乐而没有负担，在幽默中成功沟通。这时候，作为领导的你，无论是表达希望还是提出要求甚至是批评，下属都会乐于倾听，无论你是管理新人还是老领导，下属都愿意支持你。

某公司销售部经理突然辞职跳槽了，部门内部那些一等一的人才们为了这个职位争得头破血流。然而,结果却令大家大跌眼镜，公司老总居然从别的部门调来一个年轻的小伙子李强来担任新的经理。对于这个空降的经理，大家心里都有点不服，想看看这个李强到底有什么本事。

李强上任那天,大家摩拳擦掌，准备给他一点颜色看看。"凭什么让一个外行人来领导我们。"原先那几个竞争职位的主管，此时居然团结在了一起，要给新来的经理一个下马威。

李强在就职会上致辞了。他看着大家，笑着深深地鞠了一躬，说："在下能到这里来，全要感谢大家。因为这里的能人太多,据说升谁当经理，都不公平。所以按照历史的定则,找我这么一个有傻福的傻人来。"

说完，同事中哄起一团笑声。

"这傻人就像蜡烛的芯，看起来最亮，又在蜡烛的最高点、最中心。其实呢，他最惨了！他是被烧的，烧得焦黑焦黑，你们看我这么瘦,能烧几下啊？"李强继续说。

听了这话，大家又笑了。

李强再鞠一躬:"最重要的,是蜡烛芯自己不能烧,全靠四周的蜡油。所以,今后还要拜托各位同仁,请大家帮忙,别让我给烧焦了!"

全部门的人都笑弯了腰,把要修理这个新经理的事全忘了。

从那以后,全部门的人都喜欢上了这个幽默又平易近人的经理。

一个平易近人、幽默风趣的领导者,很容易获得下属的好感。试想一下,如果你的上司幽默风趣,你是不是愿意跟他共事呢?我想,大部分人都会喜欢这样的领导。因为擅长幽默的人拥有强大的"亲和力",能毫不费力地拉近周围人与自己的心理距离,在轻松的氛围中化解彼此间的矛盾和冲突。

在美国曾做过这样一项调查:针对1160名管理者的调查结果表明,77%的领导者在员工会议上用讲笑话的方式来打破僵局,52%的领导者认为企业应该考虑聘请一名"幽默顾问"来帮助员工放松。可以说,对领导者而言,幽默已经成为一种新的、有效的主流管理时尚。对一个刚刚晋升的领导者来说,要想在最短的时间内与下属缩短心理距离,那绝佳的办法就是幽默。心理学家认为,感情是人对客观事物好恶倾向的内在反应。因为感情,人与人之间建立了良好的感情关系,便能产生亲切感。通常情况下,如果人与人之间有了亲切感,那彼此之间的吸引力就会增大,影响力也会逐步放大。而幽默恰恰是富含亲和力的,因为它可以引人发笑,当人们在欢笑之余,彼此之间的距离自然就拉近了。

经理带领员工小王和小李到外地出差。第一天午餐,经理让员工小王去买了三个盒饭和一只烧鸡。小王和小李各自抢先掰了个鸡腿。第二天午餐,小王又买了三个盒饭和一只烧鸡,小王和小李又抢先把鸡腿拿在手里。

第三天午餐买饭时,经理发话了:"我说小王啊,你就不能买只有三条腿的烧鸡吗?"

说话幽默风趣的领导,从他的语言表达中,能时刻体现出自己积极乐观的心态,由于这份亲和力,使得领导与下属的关系会越来越融洽,与此相应地，领导的影响力就会越来越大。相反，如果领导说话太严肃，缺乏幽默感，就会使他与下属的关系紧张，这样势必拉远彼此之间的心理距离，而这样的心理距离会形成一种心理对抗力，一旦超过了某种限度，会使得上下级的关系变得越来越紧张。

玛丽·凯公司是一家知名的化妆品公司。为了扩大自己公司产品的影响，玛丽·凯女士坚持用自己公司生产的化妆品，同时，她也不建议公司的员工使用其他公司的化妆品。因为在她不能理解凯迪拉克轿车的推销员开着福特轿车到处游说，人寿保险公司的经理自己不参加保险。那么，她是怎样同职员交流这一想法的呢？

有一次，玛丽·凯发现一位经理正在使用另外一家公司生产的粉盒及唇膏。这时，她借机走到那位经理身旁，微笑地说道："老天爷，你在干吗？你不会是在公司里使用其他的公司的产品吧？"玛丽的口气十分轻松，脸上洋溢着微笑。那位经理的脸微微地红了，急忙放下手中的化妆品，显得很不好意思。几天后，玛丽·凯送给那位经理一套公司的口红和眼影膏，并对她说："如果在使用过程中觉得有什么不适，欢迎你及时地告诉我。先谢谢你了。"再后来，公司所有的新老员工都有了一整套本公司生产的适合自己的化妆品和护肤品。玛丽·凯女士亲自向员工们做了详细的示范，同时，她还告诉员工，以后员工在购买本公司的化妆品时可以打折。

玛丽·凯亲和的态度，极富幽默的语言表达，拉近了她与员工的心理距离，使她自然地与员工打成一片，在这一过程中，她向员工成功地灌输了自己正确的经营理念。

在工作中，我们经常会听到这样的评论："我们单位的领导，官不大，架子倒是不小，其实，他越是这样，我们就越懒得理他。""你们单位的领导说起话来怎么老是那样子，拿腔拿调，真让人受不了。"对于爱摆架子的领导，下属会心生反感，并且不愿意与之亲近。身为领导，适时地幽默两句，不仅体现了自己的亲和力，而且拉近了与下属之间的距离，管理起来自然就会轻松许多。

展露幽默，轻易捕获下属心

美国著名心理学家吉尔福特通过大量研究发现，具有较高创造力的人往往具有这样的特点：独立性高、求知欲强、好奇心重、知识面广以及丰富的幽默感。而对于领导者来说，幽默感是亲和力的直接表现，是与下属沟通的金钥匙。幽默是一种值得推崇的心理特质，而那些具有幽默感的领导往往更容易捕获下属的心。古今中外，无论是民族领袖，还是企业总裁，如果能适时展露自己的幽默，必然会受到下属更多的爱戴。

几位公司高层经理在公司招待所聚餐，为了庆祝公司业绩大幅上涨。因公司特别加派一位新进的职员帮忙。上完菜，那位年轻职员为经理们逐一斟酒，谁知道由于太过紧张，一不小心，把一瓶酒倒在一个秃头的经理头上，而这位经理正是那家公司的总经理。

顿时，在场的人都愣住了，不知道怎么办才好，而那位闯了祸的新职员更是满脸涨得通红，全身发抖。在这难堪的时候，只见那位总经理用餐巾擦了擦头，然后笑着对那位年轻职员说："小兄弟，你以为用这种方法就能治好我的秃头吗？"此话一说，大家都笑了起来，那位年轻职员摸了摸自己的头，也不好意思地笑了起来。

轻松幽默的方式能化解尴尬、窘迫局面。在这个案例中，富于幽默的经理在下属尴尬的时候，及时地幽默一把，帮助下属化解尴尬，同时显示了自己作为领导者的胸襟。运用幽默来管理下属，领导者往往可以取得很好的效果。一些著名的跨国公司，上至总裁下到一般部门经理都提倡工作既严肃又幽默的氛围。这是因为每个人都愿意与幽默的人在一起相处，在西方，没有幽默感，简直就是愚蠢、缺乏魅力的代名词。有经验的领导都知道，要使身边的下属能够与自己齐心合作，就有必要通过幽默使自己的形象更加人性

化,如此,便能更好地打动下属的心。

一天,张经理为活跃公司团队的文化生活,组织全体员工大联欢,请大家唱歌。但大家都互相推诿表示"唱得不好",一时之间出现了冷场。张经理对此大为不满,强调指出:"今天唱歌有一个要求,那就是谁都不许唱得好听,必须怎么难听怎么唱,越难听越好!"然后,张经理就指名新职员赵刚唱第一首,赵刚不得不唱。等赵刚唱完,张经理带头鼓掌喝彩:"好!唱得非常好,完全符合我的要求!"张经理几句幽默的话,使联欢进行得很愉快,大家玩得十分高兴,当然,下属们也喜欢上了张经理。

在案例中,张经理为了团结下属的心,让大家相聚唱歌,虽然出现了冷场,但张经理急忙幽默了一把,对下属开起了玩笑,顿时让场面活跃起来。这样的幽默让下属感到很亲切,同时还能打破冷场。由此可见,恰当时机的幽默可以看出一个经理的睿智,懂得开玩笑的经历更容易赢得下属的信赖。所以说,幽默就好像一把钥匙,会打开下属心中的锁,巧妙地运用它,不但会打开彼此心中的结,同时还会俘获对方的心,增加彼此之间的感情。

将幽默的力量贯穿于人性化管理

有人说做职员容易做管理者难,管得轻了效果不佳,管得重了又会有反效果,看来要做一个好的管理者确非易事。在此我们给管理者们提供一个对员工进行人性化管理的方法,那就是幽默的管理方法。

身处高位的企事业负责人,在人们的心目中往往有一种高不可及的印象,而有远见的高层人士往往希望运用幽默力量来改变他们在公众之中的形象,改善大家对他所领导的公司的看法。而这种形象的树立,就是建立在高层领导人借助幽默对下属进行人性化管理的基础之上的。

有家公司为了教导主管们做人性化的管理,特别为其安排了有关"沟

下 篇
妙用心理学，发挥幽默的才气与灵气

通"的教育训练课程。

上了一个星期课之后，有位主管在责备老是严重迟到的一个部属时，挖空心思，想在批评他的时候又能保住他的面子。

他把这个部属找来，面带笑容地对他说："我知道你迟到绝对不是你的错，全怪闹钟不好。所以，我打算定制一个人性化的闹钟给你。"

这个主管对部属挤了挤眼睛，继续故作神秘地说："你想不想听听它是怎么人性化的？"

下属点点头。

"它先闹铃，你醒不过来，它就鸣笛，再不醒，它就敲锣，再不醒，就发出爆炸声，然后对你喷水。如果这些都叫不醒你，它就会自动打电话给我帮你请假。"

上级在对下属进行管理的过程中，批评与责备有时是必不可少的。然而事实上，一贯的指责和批评很难使自己的下属俯首称臣，也难以取得好的管理效果。鉴于此，如果在管理中采用夹带着浓厚幽默语气的人性化批评，以满面笑容的方式来进行管理，那就能冲淡批评与责备的意味，在说者有心，听者无意的情况下，既保全了对方的自尊，也达到了管理的目的。

有一位叫K的年轻人，他所在公司的经理对下属非常严厉，公司员工都叫他"雷公"。

有一天K从外面回来，看到经理位子是空的，以为他不在，就对同事说："'雷公'不在吗？"

说完就发现屏风的另一边，经理正与客户谈生意。见经理听到了他的话，K坐立不安，以为大祸临头。客户走后，经理来到了K身边，K惊恐地向经理道歉。没想到经理微笑道："没关系，雷公其实也有温柔的一面。"

K听了这句话，比平常挨骂效果好上百倍。经理也通过幽默改变了在员工中的形象，尝试使用带有幽默感的人性化管理方法来取代以前严厉的管理风格，取得了良好的效果。

第十五章 幽默管理，做有亲和力的上级

作为领导,当你运用幽默力量去管理下属时,你会发现不仅更容易将责任托付给人,而且能使其更自由地发挥创意的进取精神。幽默力量能改善你的将来——因为你的属下或同事会认同你,感谢你坦诚相待的品格,以及分享笑声、轻松面对自己的能力。

美国前总统柯立芝有一位漂亮的女秘书,人虽长得不错,但工作中却常粗心出错。一天早晨,柯立芝看见秘书走进办公室,便对她说:"今天你穿的这身衣服真漂亮,正适合你这样年轻漂亮的小姐。"

这几句话出自柯立芝口中,简直让秘书受宠若惊。柯立芝接着说:"但也不要骄傲,我相信你的公文处理也能和你的相貌一样漂亮的。"果然,从那天起,女秘书在公文上很少出错了。

后来,一位朋友知道了这件事,就问柯立芝:"这个方法很妙,你是怎么想出来的?"柯立芝得意洋洋地说:"这很简单,你看见过理发师给人刮胡子吗?要先给人涂肥皂水,为什么呀,就是为了刮起来使人不痛。"

许多领导者的事例都可以证明,对下属进行人性化的管理,将幽默充分地运用到其中,不仅会让管理工作更加轻松,管理者本人也将会受益无穷。

适当幽默,让你的管理轻松而有效

现代社会,在企业管理中,"幽默管理"逐渐成为一种流行方式,并已经被一些明智的领导成功地运用于企业管理之中,并取得了很好的效果。有关心理专家发现,通过实施幽默计划管理,许多公司的经济效益都有了飞速的增长,原来,幽默也是可以赚钱的,更可以融入到管理工作中。作为领导,可以运用各种幽默策略,以幽默做好自己的管理工作,用幽默的方式处理很多工作中的问题,具体来说,包括以下几点:

1. 用幽默、生动的语言激励员工

现代企业中,优秀的管理者一般都善于激励员工,让员工充分地发挥自

己的才能努力工作。而管理者们要想更好地激励你的员工，不一定非要花费很大的成本不可。比起单纯的物质奖赏，适当的情商激励显得更为有效。俗话说："一句话可以使人躁，一句话可以使人笑。"生动的语言给生活会带来情趣，使紧张的气氛变得和谐。真正高明的管理者，便很善于运用幽默、生动的语言，采用幽默激励的方式来激发员工的工作积极性。

当幽默的领导要求一个赶着赴男朋友约会的女孩留下来加班的时候，他不会威胁道：没有这么好的工作，你在男朋友眼里就什么都不是了！而是故作谦虚地说："我的头脑是586，你们年轻人是奔腾Ⅳ，所以那份报告应该可以很快给我才对。"

幽默的领导有号召力，只要他一张嘴，就能把下属"哄"得高高兴兴地去拼命工作，既替公司省了薪水，又能出色地完成工作。幽默的领导一定会和下属打成一片，让下属有"大家是一体"的感觉，而不是事不关己地站在岸边指挥。同时他也创造足够的激励条件，给下属荣誉感。遇到这样的主管，下属就算做出让步也是情愿的。

幽默作为一种激励艺术，在工作中有着重要的作用。一位有幽默感的领导周围，很容易聚集一批为他效力的员工。员工之所以愿意与幽默的主管共事，很多时候是因为主管的幽默，会帮助员工摆脱许多尴尬，化解难以预料的危机，一个能够巧妙运用幽默激励艺术的领导，往往能更有效地激励员工。

2. 幽默教导让员工消除敌意

幽默地教导别人需要一种气度、一种耐心、一种视野，唯有拥有这种心态与见识的人才能够运用好幽默的方式。

某公司有个男职员，他喜欢在上班时间照镜子、梳头发，头发已被他梳得油光可鉴还"照"此不疲，主管私下教育多次不见效果。

这天，上班时间，他又拿出镜子开始整理他那已经一丝不苟的发型，此时，主管走过来，边模仿他的动作边说："'对镜贴花黄'是当时妇女最时尚的一种装扮，木兰是一名女子，因此她恢复女装后就迫不及待地对着镜子化起妆来。如果木兰在军营里作为一名堂堂男子汉也时不时对着镜左照照右照照，他的伙伴们是什么感觉？"同事们哈哈大笑："那就别扭死啦。"主管偷偷瞄了一眼那个同事，他急忙收了镜子，不好意思地低下头。

此时，主管也适时地说："爱美之心人皆有之，但也要注意身份、场合，还要把握好尺度。"

此后，办公室里那些常常在办公时间打扮、化妆的现象果真减少了。

当然，幽默教导别人还需要真诚，只有抱着真诚的态度才不致招致对方的反感，才能让对方消除敌意，理解你的一片苦心。

3. 以开玩笑的方式传达对员工的要求和期望

身为领导，如果你希望你的员工去完成一件任务或者达到一个工作目标，你也可以采取幽默的方法，比如，你可以开个玩笑说："小李，我这月的奖金的生杀大权可就掌握在你手上了。"当然，如果有必要，把注意事项交代清楚即可，然后你就可以保持沉默，留一个宁静的"空间"给你的员工们好好考虑具体的步骤。当他们的想法不够准确圆满时，你再适当地给予补充，作一次适时的指导，千万不要一开始就剥夺你的员工发言与思考的机会。

4. 幽默调节员工间的矛盾

当员工之间发生争执时，适当的幽默可以是你的缓兵之计。争执的双方为了寻求一个说法，也许会将你——他们心目中的权威者拉入其中，让你做个公断。在没有经过深思熟虑之前，你绝不可以表明自己的立场——即便你已经知道了谁对谁错，在双方还面红耳赤地争执，谁都不愿意让步时，你的公断根本不会达到预期的效果，只会使一方的自尊心受挫，认为你是有意偏袒。此时，你不妨开个玩笑："你们继续吵吧，下班前不许停……"此时，双方很可能会因为你一句幽默的话立即停止"战争"而笑出声来。

当然，幽默在你管理下属，或与下属的沟通工作中所能应用的范围是宽广的，你可以触类旁通。总之，你要相信，适当幽默是企业管理的无声"武器"，它会让你的管理轻松而有效。

第十六章

柔情妙语，让美好的爱情之花绽放

劳伦斯曾说："世俗生活最有价值的就是幽默感，作为世俗生活的一部分，爱情生活也需要幽默感，过分的激情或过度的严肃都是错误的，两者都不能持久。"日本幽默大师秋田实也说过，幽默是爱情的催化剂，因为幽默的言谈最易激发爱的温柔。借助幽默，我们能让自己所爱的人感受到无比的幸福和快乐，从而酝酿出温暖美好的爱情之花。

幽默搭讪，迈出交往第一步

面对心仪的异性，不少人苦恼于不知如何开口攀谈，更有许多男孩子担心会遭到女孩子的拒绝而犹豫不决，以至于不敢尝试。其实大可不必，只要你喜欢一个女孩，就以一块幽默的敲门砖敲开对方心扉，勇敢地与你心仪的女孩攀谈，把握好这个相识的机会。

大学里，一位羞涩的男生鼓起勇气走到他心仪已久的女孩面前说："经常在校园里见到你，可以知道你的名字吗？"女孩抬起头，冷漠的看着他，说："我叫柠檬汁啊！"

显然，女孩不想报上真名。但男生没有气馁，他红着脸"噢"了一声，改口道："那么，你好，我叫番茄酱。"

女孩扑哧一声笑了出来。后来，这位"柠檬汁"真的成了"番茄酱"的妻子。

笑是人类最美的语言，如果她能在你面前展开美丽的笑颜，那么你下一步的接触就会变得轻松了。故事中这位男生虽然很羞涩，但也有很好的应变能力。他巧妙地运用幽默，以"番茄酱"作为自己的名字，不仅化解了尴尬，还展现了自己的幽默魅力，跟女孩开了个玩笑。试想一下，假如这位男生继续追问女该的名字，多半不会如愿，反而只能以尴尬收场。

好的开始是成功的一半，恋爱也是一样。当"众里寻他千百度"的梦中情人出现在面前，你给对方的第一印象往往就能决定这份感情的成败。因此，一个幽默而睿智的开场白无疑是你获得对方好感进而赢得爱情的至关重要的一步。

询问异性的姓名只是两个人交往的第一步，要想与自己心仪的女孩进一步接触，打探到对方是否"名花有主"是非常重要的。但这是一个很敏感的问题，倘若直接询问对方婚否的私人问题，会显得很冒昧无礼，可能会使自己遭遇尴尬。这时，适当的幽默可以帮助你解决这一问题。

下 篇
妙用心理学，发挥幽默的才气与灵气

在一场宴会上，一位男士对坐在他旁边的女士产生了好感，但却不知她是否结婚了。于是，他很自然地找她聊天："见到你很高兴，你丈夫怎么没来？"

"对不起，我还没有出嫁。"这位女士微笑着回应。

"噢，明白了。"男士眨了眨眼睛，"你丈夫跟我一样都是光棍。"

这位男士的谈话技巧非常高明。一开始，他以巧妙的询问探明了女士的婚姻状况，然后又以幽默的回应传达了自己也是单身的信息，真可谓一箭双雕。

有一天，女孩对自己的男朋友说："人家说男朋友就应该记住他心爱女孩子的一切，你记住我了吗？身高、体重，我最喜欢的和最讨厌的都是什么？你说说看。"

男孩故作沉思地说："身高……我想想啊，穿平底鞋的话到我下巴，穿高跟鞋到我耳朵。体重……（边思索边计算），我用自行车驮你，勉强可以上30°的斜坡；抱着你的话，最多只能走10米。你最喜欢做的事是用指甲掐我的胳膊，最讨厌的当然是我玩电脑游戏和看足球赛事了……"女孩听到这样俏皮的回答，扑哧一下笑了。

当我们将一种常见的说话方式转化为另一种说话方式的时候，往往能收到意想不到的幽默效果。在与异性的进一步攀谈中，不妨试试用类似的方式来向对方搭讪，不仅能够使气氛轻松愉悦，还能增加你的魅力指数。

幽默求爱，赢取芳心的制胜法宝

我们常说，真爱是可遇而不可求的，所以一定要好好把握，掌握一定的求爱技巧也是十分必要的。不但要有一颗真诚的心，更需要机智与幽默的言行表达。求爱的确要下一番工夫，不能只是一味地死磨硬泡，使人厌烦。制造好感是求爱的准备工作，而运用新奇的幽默方式向对方求爱则是制胜法宝。

第十六章 柔情妙语，让美好的爱情之花绽放

幽默心理学

马克思一直喜欢燕妮,但却一直没有向她表白心迹。

一天黄昏,马克思把燕妮约了出来,决心向燕妮求爱。他对燕妮说:"燕妮,我想告诉你,我爱上了一个人,准备向她求爱,但是不知她是否同意。"

燕妮猜到马克思所说的这个"她"就是自己,但仍然反问:"是吗?她是谁?"

马克思说:"我这里有一张她的照片,你想看看吗?"

燕妮紧张地点了点头,于是马克思拿出一只精制的木匣递过去。燕妮接过来,双手颤抖地打开。里面没有照片,只有一面镜子,镜子里正好映照出燕妮已经羞红了的脸庞。

爱情美好的面纱就这样巧妙地被揭开了。燕妮接受了马克思的求爱,开始了他们一生的相知相守,恩爱到白头。

马克思的这种求爱方式可谓匠心独运,充分体现了幽默所产生的神奇效果。这一招即使在今天看来,其可效仿指数也是相当高的,朋友们不妨也在求爱的时候运用这种方法。

开始恋情的第一步,是向对方表白心迹。而如何迈好这一步,往往使求爱者困扰不已。这一步如果走得不好,不仅会让自己情场失意,还可能给以后的交往造成障碍。向对方表白,可以试着采用一种独特新颖的方式来表达,这样既可以用我们的风趣睿智博得她的一笑,又为自己保留了一份美好的回忆。

富兰克林中年丧偶。1780年,他在巴黎居住时,打算向他的邻居——一位迷人而有教养的富孀艾尔维斯太太求婚。

富兰克林在情书中写道,他见到了自己的太太和艾尔维斯太太的亡夫在阴间结了婚。接下来,他继续写:"让我们来替自己报仇雪恨吧。"

这种表达方式恰当地运用了幽默的技巧,以诙谐的言语对待恋爱问题,即使得不到爱情,也不至于烦恼懊悔,同时也避免了自尊心受到伤害。

下 篇
妙用心理学，发挥幽默的才气与灵气

在求婚的时候，也有人选择引用名言警句，为自己的求婚说辞加上更为有力的论证。看看下面一位小伙子的表现：

一位小伙子对女友义正词严地说："让我们埋葬掉这段爱情吧！"
女友一惊，慌忙追问："为什么？不是好好的吗？"
小伙子一本正经地说："人们不是说'婚姻是爱情的坟墓'嘛，让我们步入婚姻的殿堂吧。"

小伙子巧妙的引用"婚姻是爱情的坟墓"这句名言，为这种"故弄玄虚"的求婚方式增添了几分戏剧的效果。而女友的惊慌，正是小伙子想要试探女友对这份爱情的在意程度。这样的求婚，既幽默又充满了紧张的气氛，一定会令他们终生难忘。

想要有一个令人终生难忘的求婚方式，可以借用的不止是名言，还可以发动身边的朋友，营造出非常浪漫的效果。来听听一位妻子诉说令她难以忘怀的求婚时刻吧：

那天，汤姆约我去公园，我到了以后，发现他一直在低头玩自己的手机，好像在给谁发短信，非常投入的样子。当我靠近他的时候，他又非常慌张地把手机藏起来。我怀疑他是不是对我隐瞒了什么秘密。就在这时，我的手机突然接连不断地响了起来——我们所有的朋友，都在同一时间发来短信，内容都只有四个字："嫁给他吧！"

我吃惊地望着他，惊讶得不知如何是好。他又从包里摸出一枚戒指递到我面前，然后对我说出了那句让我一生难忘的话："嫁给我吧！"我除了傻笑着点头之外，还能做什么呢？

在朋友的祝福中开启一段婚姻，不正是一对新人所期望得到的结果吗？爱的表达是需要一些技巧的，需要花费一番心思，而运用新奇幽默的方式向对方求婚则可收到良好的效果。

第十六章 柔情妙语，让美好的爱情之花绽放

幽默心理学

幽默情趣,助燃爱情的火焰

浪漫的幽默,是爱情火焰的燃料,是让浪漫情趣无处不在的神秘武器。幽默可以洋溢于日常生活的每一个空间,而在恋爱这个领域,幽默大师们更是留下了数不胜数、五彩斑斓的题材。只要你足够幽默,足够风趣,一定会顺利陶醉在爱河之中。

一位小伙子不小心把钥匙忘在了咖啡厅,感到非常懊恼。女友对他说:"钥匙忘了没关系,别把我忘了就好。"两人相视而笑,原先的不快一下子就消失了。

小伙子紧紧挽着姑娘,深情地说:"认识你太幸福了,你简直是我黑暗中的明灯……"

姑娘假装生气轻推了小伙子一下,说:"去,你离我远点。"

"为什么?"小伙子有些摸不着头脑。

姑娘说:"当心触电!"

用幽默博得恋人一笑,不只是小伙子的专利,姑娘充满娇俏的馨香趣语更是动人。"触电"这个词人们常常用来形容恋爱双方心灵相通。姑娘的一句"当心触电",在幽默之余,更增加了一种机智的味道,增加了不少情趣。

有位名人曾说过,幽默是恋爱生活中不可缺少的喜剧,其地位不亚于甜言蜜语和海誓山盟。

浪漫情趣是生活的一种调味品,每个坠入爱河的人都喜欢幽默话语流露出来的浪漫情趣。但是,浪漫的幽默,或者说幽默制造的浪漫并不是什么时候都管用的。根据恋爱心理学,男女双方刚开始交往的时候,女性最迫切需要的是男性的力感。因此,初交女友,幽默要注意把握分寸,只有当"力感"的晕轮效应达到一定程度、双方关系足够密切后,适当地使用幽默来增强美感,才能取得较好的效果。

下 篇
妙用心理学，发挥幽默的才气与灵气

一天，一对相恋已久的情侣一同去看话剧。第二幕还未开始，男孩便一本正经地对女友说："别看了，咱们哪有时间等这么久。"女友很疑惑地说："精彩的还在后面，咱们没有什么急事啊！"男孩假装糊涂，指着字幕说："你看，那不是说第二幕在一年之后才演吗？"女友听了，笑得前仰后合。

男孩巧妙借用话剧情节，展示了他幽默的一面，达到了预期的效果。但是，如果两人相识不久，第一次约会看戏的时候，就来上这样一个幽默，恐怕就没有这么好的效果了。其实，只要在与对方的交往中多花一些工夫，以幽默风趣的谈吐制造出一种活泼宽松的氛围，不知不觉中，你就会获得对方的青睐。

著名的幽默大师马克·吐温爱上了美貌的莉薇小姐，他们在1870年2月2日步入了婚姻殿堂。婚后不久，马克·吐温给友人写信。在信中，他不无幽默地说："如果一个人结婚后的全部生活都和我们一样幸福的话，那么我算是白白浪费了30年的时光。假如一切能从头开始，那么我将会在牙牙学语的婴儿时期就结婚，而不是把时间荒废在磨牙和打碎瓶瓶罐罐上。"

马克·吐温的信中，写出了如此触动心灵的浪漫之辞，真是充满了情趣意蕴，参透了爱情的奥秘。

有的时候，男女双方早已互生情愫，但男孩子呆头呆脑就是不开口表达爱意。女孩子纵然心急，也迫于矜持羞于开口，时间一久心中反而生出了些许的怨恨来，影响了彼此的感情。其实这种情况完全可以避免，因为聪明的女孩子完全可以在保持矜持的情况下，用幽默而含蓄的暗示去开启爱人的心扉。

在一个美丽的黄昏，一位少女和她心仪已久的英俊的男雇工在一条僻静的乡村道上并肩走着。天渐渐黑下来，他俩走进了一条又长又静的巷子。少女渐渐放慢了脚步，对雇工说："我不敢跟你在这里一道走，我怕万一你想吻我。"

第十六章 柔情妙语，让美好的爱情之花绽放

雇工有些吃惊,问道:"怎么可能呢?我肩上背着一只大桶,左手提着一只鸡,右手拿着一根拐杖,同时还牵着一头山羊……"

"那可难说。"少女低下头说,"假如你把拐杖插入泥中,将羊拴在上面,把鸡放在桶里呢?"

这样的暗示,相信再呆头呆脑的人也应该明白其中的意思了,可想而知,浪漫的故事由此开始了。

恋爱润滑剂,幽默消除小摩擦

我们常说,只要怀着一颗热爱生活的心,有着一双善于观察生活的眼睛,珍惜恋人间的感情,谈情幽默便会像喷泉一样不断地涌出。恋人间交往要善于使用幽默的谈吐,诚恳对人,热情大方,自尊自重,以自身良好的修养和人品赢得对方的尊重和爱。即使遇上磕磕绊绊,幽默也可以"化干戈为玉帛"。

一个小伙子不小心惹得女友生气了,女友一连好几天都不理他。小伙子想了一个主意,他将一袋女友爱吃的红苹果和一罐红豆放到女友家门口,并留下字条,上面写道:

红豆生南国,春来发几枝。

愿君多采撷,此物最相思。

送你一苹果,愿解心头锁。

唯有一事求,请你原谅我!

用红豆寄托相思,用苹果表达歉意,如此有创意的方法和有才情的诗句,必定会将女友心里的不快化作嘴边的莞尔一笑。

我们都知道,男女之间常常是"相爱容易相处难"。两个人谈恋爱免不了磕磕碰碰。当恋人闹矛盾时,如果能够适当地加入幽默这种润滑剂,不仅能够缓解双方的摩擦，还能增进双方感情，迅速为爱情升温。

犯错误是恋爱中无法避免的事情。当恋人间的一方做错了事或误了事的时候，难免要做个解释。此时用简短幽默的语言代替自己的一大段解释，也许可以避免对方的埋怨。

小倩的时间观念不够强，与男朋友约会常常迟到半个小时。

第一次，她自我责备地说：“我迟到，我有罪，我罪该万死！”

第二次，她转守为攻地说：“一定是你把表拨快了半个小时！”

第三次，她还是有理由：“我的表是北京金秋时间，比夏令时晚半小时！”

她每次都逗得男朋友又气又笑。不过，天底下有哪个女孩约会从来没有迟到过呢？于是她的男朋友也就一笑了之。

面对小倩的幽默，她男朋友实在生不起气来。小倩靠着幽默成功地掩饰了自己的过失。但是，迟到终究不是一个好习惯，恋人能够容忍，是因为相爱的包容，所以还是要谨慎为之。

现代社会，"野蛮女友"越来越多了，这不仅是现代女性地位提高的表现，也是男性们包容的结果。但是，男人往往好面子，在朋友面前不肯承认自己的"惧内"，人前少不了要吹嘘一番，面对女友也就容易出现"当面羊，背后狼"的状态了。

阿明和阿超是一对好哥们儿，在一场热闹的party上，他们两个相遇了。阿明对阿超说："听说你女友是个'河东狮'？"阿超脸上一红，却不肯承认，大声吹嘘说："哪里，她见了我就像见了老虎一样！"谁知竟被女友听到了，她冲过来责问他："你说，到底谁是老虎？"阿超只好讨好地说："我是老虎，你是武松呀！"

上面的阿超就是巧妙地运用了"武松打虎"的典故，化解了恋人之间的矛盾。面对"野蛮女友"，你不妨试试这一招。

第十六章　柔情妙语，让美好的爱情之花绽放

一个小伙子惹恼了女友,女友气得拂袖离去。小伙子一把抓住女友的手,把她带到附近的餐厅里,温柔地说:"亲爱的,要走,吃了东西,你才有力气走;要吵,吃了东西,你才好跟我吵架啊!"看到男友这样来讨好自己,女友也忍不住笑了。

小伙子用及时的幽默使得双方的矛盾隔阂很快被消除,不仅博得女友一笑,还传达出了深深的关爱之意。当你明知道自己做错了的时候,不妨以幽默的方式和你的恋人一起笑,这样就能有效地消除那些小摩擦,让爱情生活更加美满。

来点醋意,酸酸甜甜更有味

"吃醋"实在是恋爱中男女的"家常便饭"。倘若能够加入幽默这一剂调味料,则能够使这样的酸涩加上一点甜味,让你与恋人一起品尝这酸酸甜甜的恋爱滋味。

花园里,一对恋人在聊天。
小伙子说:"亲爱的,你就像这鲜花一样美丽。"
"我像鲜花,那你呢?"姑娘悠悠地问。
小伙子说:"我当然是依偎在鲜花上的蝴蝶。"
姑娘皱了皱眉头说:"我不喜欢蝴蝶。"
小伙子不解地问:"为什么?"
姑娘说:"你难道没有看见吗?它又飞到别的花上去了。"

姑娘的话,透出了酸酸的醋意,显然另有所指。女孩子吃醋,某种程度上就跟抹了淡妆一样娇艳动人。恋爱中的女孩子,时不时在心上人面前吃点小醋,更显得我见犹怜。

关于"吃醋",还有一段有趣的典故:

下篇 妙用心理学，发挥幽默的才气与灵气

第十六章 柔情妙语，让美好的爱情之花绽放

据传这个典故出自唐朝的宫廷。唐太宗为了笼络人心，要为当朝宰相房玄龄纳妾，房夫人出于嫉妒，横加干涉，就是不让。太宗无奈，只得令房夫人在喝毒酒和纳小妾之中选择其一。没想到房夫人确有几分刚烈，宁愿一死也不在皇帝面前低头。于是端起那杯"毒酒"一饮而尽。当房夫人含泪喝完后，才发现杯中不是毒酒，而是带有甜酸香味的浓醋。从此，人们便把"嫉妒"和"吃醋"联系起来，"吃醋"便成了嫉妒的比喻语。

在恋爱中，第三者的出现无疑是一件很闹心的事情。哪怕只是和其中一方暗送秋波，另一方也会出现心里泛酸、心绪难平的异样感受。于是，"吃醋"的现象便不由自主地发生了。

派对上，一个女孩发现男朋友总是不停地偷瞄坐在身边的艳丽女郎，便在他身边悄悄说道："你和她说句话吧，不然别人会以为她是你的妻子呢！"

女孩子简单的一句小幽默就把男朋友从失态中唤了回来，这是一种钝化了的攻击，可以让男人比较容易接受。在恋爱中，如果两个人对彼此视而不见、一点醋都不吃，爱情也就淡而无味了。

一对恋人一起去参观新潮美术展览，当他们走到一幅仅以几片树叶遮掩着私处的裸女像油画前时，男友驻足了很长时间。

女友忍无可忍，狠狠掐了男友一下说："你难道想站到秋天等叶子落下来吗？"

这位女友的幽默神经可够发达的，吃醋都吃到油画上了。不过，这么一句幽默的责备，却能让爱情充满酸酸甜甜的味道。其实，"醋意"人皆有之，不管是男人还是女人，从某种意义上讲，没有了醋意，也就没有了爱情。但是"醋意"大到相互猜疑、神经质，以至于影响到恋人之间的情感就不好了，"醋"吃得适量可以开胃，吃多了则伤身。

一对恋人坐电梯,小伙子一直目不转睛地注视着站在前面的一位美丽的长发女郎,他的女友很不高兴。

突然,那个女郎转过身来,给了这位小伙子一记耳光,说道:"我教训你下次别偷捏女孩子!"

这对恋人走出电梯时,小伙子委屈地对女友说:"我并没有捏她呀!"

"我知道,"女友镇定地说,"是我捏了她。"

这是一个流传已久的笑话,笑话中的女友实在是太过于有幽默感了,以至于让自己的男友挨了别人的耳光。试想如果男友的脾气不好,两个人必然会发生矛盾。可见,恋爱中,一方虽然能够通过幽默的方式借题发挥,化解对另一方的醋意,但是,这种幽默也要把握分寸,不要给双方之间的感情造成不良影响。

所谓"小醋怡情,大醋伤情",恋人之间吃点小醋,也是升温爱情的一种方式,但是切记不要过度。在吃醋的时候,记得加入幽默这一剂调料,使得爱情更有滋味。对于被吃醋的一方,可以借用幽默避其锋芒,转弯抹角地将对方的醋意轻轻弹压一下,既不刺伤对方,同时也可以消解对方的妒意,维护双方的爱情。

爱情守护神,用幽默呵护爱情

谁都希望自己的爱人是个充满幽默感的人,如果爱人做事总是一板一眼,不苟言笑,这样的爱情就少了一些情趣。因此,让幽默成为恋爱的守护神,可以让爱情天长地久。

一对恋人去公园约会,可是男孩迟到了半个小时,女孩非常生气。一见面,女孩就生气地说:"你怎么才来呀?让人家等了这么久!"

男孩说:"这不能怪我呀,他们总是故意为难我,司机慢慢地开车,一遇到路口就变红灯,而时间却走得那么快。要是我有天使的翅膀,我早就飞来了。"

女孩撅着嘴说:"可是我等了整整30分钟!"

男孩幽默地说:"你要知道,我可是等了20年,才有缘认识你呀!"

听到这样幽默却饱含深情的话语,相信这个女孩一定会立刻转怒为喜的。可见,经营爱情不仅需要一颗真诚的心,也需要机智与幽默的表达,这样才能让你的恋人享受到爱的甜蜜。

对于处于热恋中的人们来说,利用幽默给爱情加温是一个屡试不爽的方法。只要你有足够的创意和灵感,灵活拨动幽默这根琴弦,就能与你的恋人奏出一曲和谐的恋曲,享受爱的甜蜜。

表达爱情有很多种方式,无论是直率的还是含蓄的,都各有千秋。但由于恋爱时的羞怯心理和追求爱情成功与否的不确定性,为了使得话语具有弹性,不至于显得尴尬,表达爱意的语言还是以含蓄为宜。正是由于这样,幽默作为一种含蓄的语言形式,就具有了神奇的魅力。人们乐于借幽默表达爱的情感,正是由于其能够使人在欢笑中体会到彼此的爱。

在某个小山村里,有位英俊的小伙子爱上了一位姑娘。

一天,小伙子以借东西为由来到了姑娘家中。姑娘正在家里烤玉米和土豆,小伙子走到火炉旁,突然故作惊讶地说:"你家的火炉跟我家的火炉长得一模一样!"

姑娘被逗笑了:"你真逗,都是火炉,能有多大的区别呢?"说着从火炉里取出了烤好的玉米,请小伙子吃。

小伙子深深地用鼻子吸了一口气,赞叹道:"好香啊!"姑娘说:"吃吧!有好多呢!香就多吃点!"

小伙子问:"那你觉得你用我家那个一样的炉子也能烤出同样香甜的玉米吗?"

姑娘听出了小伙子的意思,面带红晕地答道:"我想我可以去试试。"

对于恋人来说，幽默具有一种特殊的作用：它使双方在幽默的言谈之中发现美好的事物，并留下欢乐的回忆。用幽默呵护你的爱情，它就会成为爱情的守护神。

大科学家爱因斯坦也是幽默高手。有一次，他因为一点小事和妻子闹别扭，搞得家里气氛非常不和谐。夜晚，他要动手写文章，便吩咐妻子为他做些准备工作。他妻子很不悦地问："你都需要些什么东西？"爱因斯坦说："一张台子、一把椅子、纸和笔，还要一只大大的废纸篓。""要大大的废纸篓何用？"妻子问。他说："这样，我就可以将我的所有谬误丢掉。"他妻子被逗笑了，夫妻间的不愉快便巧妙化解了。

在给爱情保温的问题上，不同的人有不同的方法，而幽默无疑是最能展示自己魅力的方法。

在影片《归心似箭》中，魏得胜经常给玉贞家挑水。在一次挑水时，两个人有这样的一段对白：

魏得胜："要不是你，我早喂黑瞎子了，这恩情是要报答的！"

玉贞："我可就等着你这两句话啦。你这个人嘴还怪甜的！那你就一天给我挑两趟水。"

魏得胜："那容易！我就一天给你挑两趟水！"

玉贞："挑到我儿子娶媳妇，挑到我闺女出门子，给我挑一辈子！"

魏得胜："挑一辈子？"

玉贞含羞带笑地说："对，挑一辈子！"

幽默，给恋爱生活增添了更多的情趣。恋人间的幽默调侃，永远是一种迷人的诱惑，很少有人能抵挡得住。掌握了幽默的技巧，你就能将恋爱的甜蜜轻松收入囊中。

下篇
妙用心理学，发挥幽默的才气与灵气

幽默示爱，展现恋爱的智慧

人们常说："恋爱中的人智商为零。"这显然是人们对恋人之间爱到深处的调侃。事实上，恋爱正是人们展现自身智慧的绝佳机会。从相互表白的方式，到弥补错误的技巧，以及应付恋人之间相互的小刁难，恋爱中的男男女女无时无刻不在展现着恋爱的智慧。

一对热恋中的情侣走在街上，小伙子拥住女友正要亲吻。

女友羞红了脸，扭过头说："街上那么多人。"

小伙子假装糊涂说："再多人我也只吻你啊，我不会吻他们的。"

女孩子娇羞地笑着说："那么多人会看到的。"

"这样啊。"男友一本正经地说，"那我们闭上眼睛好了。"

闭上眼睛就以为别人看不到自己了，这种现代版的"掩耳盗铃"貌似是自欺欺人，实际上则是用一种幽默的方式开导女友的顾虑，使彼此能够更加投入地享受二人世界。

古诗有云，"我泥中有你，你泥中有我"，正是恋人如胶似漆般恋爱的真实写照。为了让爱情更加甜蜜，需要恋人们用心去营造浪漫的气氛，同时也需要你用机智幽默的话语表达出内心深处的浪漫情怀。

恋人之间，随着感情的日益加深，自然而然会有身体上的接触，会有一些亲昵的举动。这一切都是正常的。有的人比较大方，在这方面积极主动；有的人却比较胆怯，不敢越"雷池"一步。其实，面对羞涩的爱人，你可以试着用幽默来破除你们之间的壁垒。

有一个小伙子，他虽然很想与女朋友亲近，但是没有勇气。

一天晚上，他和女友在花园里约会的时候，女友就想了一个鼓励他亲近自己的办法，对小伙子说："听人说，男人手臂的长度正好等于女子的腰

第十六章 柔情妙语，让美好的爱情之花绽放

围,你相信吗?"

小伙子一下子站了起来,鼓足勇气说:"来,我给你比比看。"终于,他搂住了心仪女友的纤腰。

女孩用一种十分幽默的方式主动说出了男友不敢说的要求,表达了双方的"亲近"需要,而又没有让自己觉得尴尬。

一对恋人约好在公园见面,女孩先到了。过了一会儿,男孩从后面轻轻蒙住了恋人的眼睛:"给你三次机会猜猜我是谁。猜不中就让我吻你。"

女友假装思索着说:"你是莫扎特?徐志摩?达·芬奇?都不对?那你赢了!"

好一个调皮的女孩子!谁都能看出,她喊出的这一串人名是在幽默的告诉男友"吻我吧",相信男友心里一定是乐开了花。

一个小伙子送一大束鲜花给他的女友,女友非常感动,抱着他就吻,他连忙挣脱向外跑。

"你去干什么?"女友不解地问。

"再去拿些花来。"他说。

将鲜花数量与亲吻数量对等,小伙子的这种举动无疑会营造出一种令人忍俊不禁的效果来,女友自然会觉得既有趣又浪漫。

在微妙的恋爱关系里,每一个细微的动作,每一句话语,都由微妙的心理因素支配着,如果你能技巧性地掌握和运用这些因素,就会在爱情的角逐之中更胜一筹。

第十七章

演讲幽默，做一个受欢迎的说话者

作为一种直抒胸臆的语言表达，演讲早已经成为一门语言艺术。而幽默作为语言的润滑剂，常常成为名人演讲中不可或缺的亮点。所有说话幽默、富有风趣的演讲者，无不受到大众的欢迎和敬佩。在演讲中，合适灵活地运用幽默，能大大提升演讲的效果，给听众带来更多的笑声，从而使演讲稳操胜券。

趣味开场，拉近与听众的距离

"万事开头难"，做演讲更是这样。一旦观众的注意力被分散，后面的演讲将寸步难行；只有一开始就用三言两语抓住观众的心，让他们喜欢上做演讲的人，那么演讲者说的话才会有吸引力。而幽默不失为一个好的选择。

幽默的开场白宛若演讲人的一张智慧的名片，在快速缩短与听众距离的同时，能使听众在轻松愉快的气氛中自觉不自觉地进入角色。演讲开始的时候，如果能够巧而不俗地来点幽默，会立即拉近自己和听者之间的距离。

2008年7月5日，台中市市长胡志强在厦门大学做了题为"文化造市"的主题演讲。作为台湾的"明星市长"，胡志强具有超高的人气，不过使他更有魅力的是他极为幽默的谈吐。

> 在生活中，幽默的话语能促进人体健康；在政治上，幽默有利于提升自己的形象和得分。
> ——里根

一上台胡志强就不断向观众抛出一个个幽默的"包袱"。"这是我第一次来厦门，第一次来厦大，第一次在大陆演讲。到我这个年纪，'第一次'已经不多了。"简单的几个"第一次"，就让大家立刻感受到这位台湾政坛人物对此次访问机会的珍视。

接着，他便开始拉近与听众的距离："各位给我的热情接待，让我有回家的感觉。一个人回家以后做的第一件事情是什么？"他一边说，一边把西装外套脱去，扔在了讲台一边，并特意微笑着对现场的记者说："不要拍了，我不会继续脱了。"其幽默诙谐、自然大方的话语自然赢得了现场听众的一片掌声。

胡志强的开场白很有特色，他那无处不在的幽默不仅在极短的时间内打消了观众们对他这种政坛人物对话的警惕性和隔阂感，而且充分展示了这位"明星市长"的才智和风范，让大家对他的演讲内容充满了期待。

下篇
妙用心理学，发挥幽默的才气与灵气

演讲是一个信息传播和反馈的过程。开头传播得不顺利，会极大地影响到反馈的质量。而如果有一个精彩的开头，也就获得了先机，相当于把传播和反馈的管道一下子打通了，其意义不言而喻。

据说胡适先生在北京大学任教之时，曾经在自我介绍时采用幽自己一默的方式，来增加"课堂情趣"。一次给新生上课，他把孔子学说称做"孔说"，孟子学说称做"孟说"，他自己的学说称做"胡说"，让同学们在笑声中感受到了这位大师的谦和。

无独有偶，文化大师启功先生在一次讲演中做自我介绍时这样说道："刚才你们老师给我封了许多头衔，我实在是不敢当。我们家的祖先原来生活在东北，是满族，古代叫做胡人。所以我今天所讲都是'胡说'，同学们不必太过认真。"

这种轻松的开场幽默赢得了学生的喜爱与热烈的掌声，说者和听者的距离一下子就拉近了。第一印象给人的影响非常重要。一般我们对一个人的第一印象会形成心理定式，顽固地保持很长时间，所以在双方初次认识时的自我介绍十分重要。

1990年中央电视台邀请台湾影视艺术家凌峰先生参加春节联欢晚会。当时，许多观众对他还很陌生，可是当他说完那段妙不可言的自我介绍后，一下子就被观众认同并受到了热烈欢迎。

他说："在下凌峰，我和文章不同。虽然我们都获得过'金钟奖'和最佳男歌星称号，但我以长相难看而出名……一般来说，女观众对我的印象不太好，她们认为我是人比黄花瘦，脸比煤炭黑，但我很温柔。"

这一番话戏而不谑，妙趣横生，令观众捧腹大笑。这种自我介绍给人们留下了非常坦诚、风趣、幽默的良好印象，凌峰的名字因此传遍了祖国大地。借助幽默的方法，凌峰缓解了现场略显压抑的气氛，拉近了与观众的距

离，给全国观众留下非常深刻的印象。

自我介绍时的幽默需要刻意设计吗？如果有可能还是要设计一下，因为脱口而出的幽默很难把握好尺度。而刻意设计好的幽默则在拉近距离的同时，还能起到其他作用。

一般来说，演讲者都是名人，而观众则以普通人居多。如何跨越这种隔阂，拉近与观众的距离，减少陌生感呢？很多政治家在这方面都极富创造性。

幽默对于增进他人的好感有着举足轻重的作用，而有一个新颖的开场白，则可以让你的幽默口才锦上添花、如虎添翼。

幽默演讲，拨动听众的心弦

幽默演讲的技巧之一就是要对听众的情绪有十分恰当地把握，根据听众的情绪来调整自己的情感，用自己内心的情感去创造出对听众有感染力的幽默语言，用自己幽默的情感激发听众的热情，进而碰撞出情感的共鸣。

英国作家、评论家切斯特顿（1874—1936）身材高大，穿着讲究，可谓仪表堂堂，却天生一副柔和的嗓子。不过他并未被难倒，相反，有时候，他还能借此创造特殊的效果。

有一回，在他去美国旅行前，举行了一次演讲。演讲开始前，主持人用华丽的辞藻，喋喋不休地将切斯特顿介绍给听众。切斯特顿觉察到主持人的介绍太多太乱，听众似有厌倦之色。于是等介绍完后，他站起身对听众说："在一场旋风过后，随之而来的是一阵平静而柔和的微风。"

尽管切斯特顿是著名的评论家，却不失为一位出色的演说家。他懂得用自己的情感来调动听众的积极性。切斯特顿幽默地将主持人华丽的介绍评论变成了旋风，并借机将自己接下来的演说比作柔和的微风，既引起了人们的好奇心，又为自己柔和的嗓音埋下伏笔。

一个演讲者的感染力可以说是他演讲的生命力。适当的幽默可以把演讲者

下篇
妙用心理学，发挥幽默的才气与灵气

的情感表现得透彻准确，从而更能吸引人、打动人，更能拨动听众的心弦。

运用比喻制造幽默的技巧我们恐怕要向那些想象力丰富的幽默文学家学习，他们的幽默总是自然流露，信手拈来。这不仅是他们创作才能的展现，更是他们丰富的人生阅历的体现。马克·吐温曾在纽约新英格兰学会第71届年会午宴上作过一篇《新英格兰的天气》的演说。在演说中，他把当地的气候特点描绘得淋漓尽致，妙趣横生。

演讲一开始，他便直入主题："本人虔诚地相信，造物主创造了我们大家，创造了新英格兰的一切——就是没有创造出天气。我不知道创造新英格兰天气的是何许人，但我想，这些人一定是风伯雨师工场里的新学徒。他们为衣食而在新英格兰做实验和学习，然后，被提拔去专为需要优质服务的地区研制天气。"

马克·吐温巧妙地将英格兰多变的天气比做是初出茅庐、学艺不精的学徒的实验作品，直接将听众带入对英格兰天气的无限遐想中，主导了听众的思维方向。整个演说，一直延续了比喻、拟人的风格，讲述一个外乡人和英格兰天气之间的复杂情感联系，精彩绝伦，令人捧腹。

马克·吐温还用过一个经典的比喻，在他70岁生日的宴会上，他发表了《七十岁生日感怀》的演说，颇有自我嘲讽的味道。他说："70岁！这是基督教《圣经》神圣地定下的人生大限。从此，你们不再需要服现役了；对于你们，紧张的生活已经结束，你们的服役期已满。用吉卜林的军事术语来说就是：你或好或坏地服了役，你退伍了。你成了共和国的荣誉成员，你解放了，强制手段不是针对你的，除了'熄灯号'外，其他号声都不是针对你的。"

这段比喻和对比形象、准确地表述了人生的真实状态，颇有自我嘲讽的意味。同时又展现了这位优秀作家乐观、幽默的人生导向，耐人寻味。

幽默演讲的艺术情感是演讲家创造性劳动的体现，它不是对生活感受的

第十七章 演讲幽默，做一个受欢迎的说话者

简单复述,而是其进行的巧妙提炼和加工。只有这种独特的艺术情感,才可能是富有魅力的,才可能给人以强烈的艺术感染。

驾驭听众,幽默让沟通更顺畅

演讲是一门艺术,成功的演讲者就是这门艺术的最佳创作者。这个特殊的艺术门类向人们展示的不仅仅是思维碰撞的火花、针锋相对的激昂和醍醐灌顶般的大彻大悟,它还可以让人们领会到语言文字世界的"诗情画意"。

美国总统老布什曾经担任过美国驻北京联络处主任,后来,成为总统的他再次回到美国驻华大使馆时,他的演说更是变成了一段"迟来的牢骚"。

"在异国他乡见到你们熟悉、亲切的脸庞,确实让我有宾至如归之感。你们让琐碎的行政事务运转得如此良好,并且因为我的到来,而使得大家如此遭罪,请接受我衷心的感谢。因为我知道,接待一位总统的访问犹如经历一场浩劫。我曾经被派驻在这儿,有过这样的经历。看到总统离开了,我确实很高兴。如果那还不够受的,亨利·基辛格又给我们增加了两次这样的经历。我知道你们对我们没什么好感。好吧,现在进入正题,向这里所有的中国雇员,所有家庭,所有……(此时,一个婴儿的啼哭声打断了总统)哦,没那么糟,宝贝!等会儿,就要好了——向所有在座的各位,表达我诚挚的谢意!"

老布什抓住自己曾经从事过"接待总统"这项工作的经历,顺势站在听众的角度,成为现场"诚惶诚恐"的工作人员的代言人,使整个演说就像是在和很久不见的老朋友的对话,顿时拉近了与听众之间的心理距离。同时,这个幽默的开场白也使得老布什从高高在上不可逼视的总统大人变为一位平易近人、善解人意的好总统,其个人形象也在瞬间得到提升。

高明的演讲者知道,讲演的成败不是由他来决定,而是由听众的脑袋和心灵来决定的。他总是能让听众感觉到他所感觉的,同意他的观点,分享他的快乐,分担他的忧愁。

下　篇
妙用心理学，发挥幽默的才气与灵气

那么，如何才能成为演讲艺术中的佼佼者呢？如何借助演讲提高自己在社会上的竞争力？或许，幽默就是你最佳的武器。好的幽默往往成为演讲中的点睛之笔，达到让人回味无穷、余音绕梁的效果。

一场精彩的演讲不仅要有能够吸引观众的内容，演讲者还必须学会和观众"套近乎"，巧妙地运用幽默清除心理上的陌生感和距离感，这样才能使自己所讲的话深入人心，不落俗套，也更容易在听众中产生共鸣，保证演讲顺畅进行。下面还是老布什的故事：

老布什非常擅长和他人"套近乎"。1991年，英国女王伊丽莎白二世访问美国，老布什在宴会上致欢迎词。因为伊丽莎白二世已经多次访问美国，所以老布什对女王的习惯了如指掌。

他在致辞一开始就运用轻松的语气说道："在您数次对美国的访问中，我从您身上发现了一个把我们联系在一起的品质——热爱锻炼。无论是雨天还是晴天，您的长时间的散步总是把那些想打听小道消息的狗仔队们气喘吁吁地甩在一边。很庆幸，今天我那患有纤维性颤动的心脏没有被那场激烈的竞走累垮。"一个简单的幽默表述，既轻松又贴切，轻而易举打破了政治对话的紧张气氛，沟通了两个"国家"之间的感情。

当然，美国历史上会"套近乎"的总统还有很多。克林顿总统在欢迎朱镕基总理访问美国时，也用一段幽默的夸奖达到了沟通情感的效果：

"美国人民很高兴见到您，美国人民对您很感兴趣。毕竟，不是每个领导人都既能理解全球经济的错综复杂，又能理解京剧的无穷奥妙；既能演奏胡琴，又能在说出直率的政治观点的同时发表不客气的音乐评论。"

看来，人与人的沟通，幽默不可或缺，尤其是在面对冷冰冰的政治的时候。

沟通情感是人和人交流的必经过程，而公开场合的演讲又和私人交流有极大的区别。在演讲中沟通与听众的感情其实是个"技术活儿"。既不能过

分恭维,刻意夸赞,又不能假装亲近,敷衍了事。这时恰当地运用幽默会取得良好的效果。

幽默"投其所好",有针对性地选择话题

俗话说:"见什么人说什么话,到什么山上唱什么歌。"这当然不是教育大家要"见风使舵",而是提醒各位,不要"哪壶不开提哪壶",学会"投其所好",选择有针对性的话题。这是演讲中,对听众的基本尊重,也是提升个人形象的好机会。话题选对了,才能幽默最大化。

2007年,比尔·盖茨应邀在哈佛大学毕业典礼上进行了一次演讲。大家都知道,比尔·盖茨虽然曾在哈佛就读,但他中途就退学创办了微软,因此,哈佛学报曾称他为"哈佛大学历史上最成功的辍学生"。这件事让他的这次的毕业演讲颇显奇怪。而精明的盖茨却把自己的"丑闻"当成了"因地制宜"的最佳题材:"我为今天在座的各位同学感到高兴,你们拿到学位可比我简单多了。"

一句自嘲的幽默表达了对毕业典礼现场的主角们——顺利完成学业的优秀毕业生们——的衷心祝福。毫无疑问,这是现场学生希望听到的。

比尔·盖茨明白,自负的哈佛毕业生们渴望听到的不是谆谆教诲,不是人如何才能成功的废话,更不是盖茨个人的成功经历,因为这些他们都知道,所以盖茨选择了自嘲式的幽默。

演讲时,话题的选择至关重要。演讲者一般都希望在听众中间引起共鸣,所以都会选择"投其所好"的话题。因为听众在年龄、职业等方面的差异会在很大程度上影响他们对于话题的接受度和理解度。比如,在给大学生做演讲时,最常讲的话题除了学习方法、工作心得之外,就是恋爱观。如果有戏剧化的谈恋爱的经历,拿来幽默一下经常会收到不错的效果。

作为一个演讲者,在每次演讲之前,不妨先扪心自问一下:你所选择的

下篇
妙用心理学，发挥幽默的才气与灵气

主题是否符合听众的需求？演讲的内容与听众究竟有什么利害关系？能否帮助他们排忧解难，实现理想的目标？明确了这些，然后才开始讲给他们听，这样必然会吸引他们的注意力。你若是会计师，就可以这样做开场白："我现在要教你们如何省下50元~100元的税款。"你若是律师，如果教听众如何生前拟好遗嘱，他们一定会听得津津有味。在你的专业知识里，无论如何也可以找到对听众有所裨益的话题。

所谓演讲，并不是随意而谈，它是一项有准备、有针对性的工作。演讲过程中幽默的使用都是"有预谋的"，也就是说不是任何话题都可以拿来即兴幽默。演讲者只有根据演讲内容、场合等因素有针对性地选择幽默话题，才能做到投观众所好，吸引观众注意力，从而取得期待的效果。

阿里巴巴创始人马云曾经应邀在母校杭州师范学院进行返校演讲。马云上台后，一开口就让母校的师弟师妹们笑成一片："前两天我刚从美国回来，在美国参加会议的时候有人问我，我的英语是哪里学的，我说中国杭州师范学院!

在我们公司，尽管有来自北大、清华，也有来自哈佛、耶鲁等名校的学生，但是如果你在我公司问哪所学校最好，员工都会说：杭州师范学院!没办法，因为在阿里巴巴，他们只能这么说。"

马云的幽默演讲，有着双重的妙用。既避免了对母校的刻意恭维，又用自己的亲身经历表达了对母校的感谢，并引发了一股集体自豪感；同时，又恰当地使用个人成功的事例告诉母校的莘莘学子：事在人为，外部环境并非影响成功的决定性因素，个人的努力才最重要。而个人如何努力才能取得成功，只有认真听后面部分的演讲才能知晓。这样自然又设置了一个小小的悬念。

活跃现场气氛,与听众幽默互动

演讲是在比较正式的场合对众人所作的一种带有鼓动性、说服性、抒情性和表演性的讲话。但是,不能因为它比较正式,演讲人就一定要端起架子,板起面孔,做枯燥无味的陈述。因此,营造幽默轻松的气氛是使演讲易于为他人接受的一种高明的方法。

美国前总统里根善于用精心安排的幽默语言点缀自己的演讲,以赢得特定观众的尊重。对农民发表演说时,里根说了这么一件逸事赢得了他的听众。

一位农民买下一块河水已干枯的小河谷。这片荒地覆盖着石块,杂草丛生,到处坑坑洼洼。他每天去那里辛勤耕耘。经过不断劳作,最后荒地变成了花园。为此他深感骄傲和幸福。某个星期日的早晨,他去邀请部长先生,问他是否乐意看看他的花园。那位部长来了,视察了一番。部长看到瓜果累累,就说:"呀!上帝肯定为这片土地祝福过。"他看到玉米丰收,又说:"哎呀!上帝确实为这些玉米祝福过。"接着又说:"天哪!上帝和你在这片土地上竟取得了这么大的成绩呀。"这位农民禁不住说:"可尊敬的先生,我真希望你能看到过上帝独自管理这片土地时,这里什么模样!"

里根巧妙地根据听众对象准备自己的幽默素材,从而赢得了听众的关心与兴趣,实现了演讲者与听众的幽默互动,增加了会场的热烈气氛。

成功的演讲并不是一个人在讲,而是在场的所有人都能有思想的交流。演讲的一个大忌就是一个人唾沫飞溅地讲,没有与听众的情感交流,没有让听众参与进去。在演讲中,除了根据对象选取素材来引起互动之外,还要时常向听众提问一些轻松、愉快、搞笑的问题。

那么,幽默地提问应该问什么呢?许多演讲者喜欢问一些可以让他们更好地应付听众的问题:你们中有多少人是从郊区来的?你们中没有到来的请举手?你们中有多少人希望演讲者不再问这些无聊的问题?尽管这种"调查"技巧十分老套，但它却行之有效。

高明的演讲总是充满幽默，如果在一次演讲中能让听众爆发出几阵会心的笑，便算得上是成功的演讲。演讲在适当的情境下进行幽默提问可以缩短与听众的距离，满足听众的好奇心，创造宽松的气氛，使演讲者处于主动。

含笑谈真理，往往是受人欢迎的。有人赞美笑是礼貌之花，笑是友谊之桥。著名科普作家高士其说："笑是美的姐妹，笑是善的良友，笑是爱的伴侣；笑有笑的哲学，笑有笑的文学，笑有笑的教育学。"由此可见，笑是神通广大的，生活中不能缺少舒心的、快慰的、爽朗的笑声。而幽默，能寓庄于谐，给人以轻松、优美之感，能使真理更耐人寻味。谚语说得好："笑是力量的亲兄弟。"笑，表达出人类征服忧患的能力；笑，也能增强人们的友谊、信任和联系。而幽默的笑是一种有趣的、高尚的、会心的、意味深长的笑。

在演说报告、社交谈话中，一些信手拈来的妙词佳句，就地取材的风趣言语，灵机一动所产生的富于哲理的闪光，既使演讲者调节了节奏，也使听者解除了疲劳；既有助于深化主题，又能活跃谈话气氛。

幽默应对，临场意外不要慌

演讲，从某种角度可以被看做是一场舞蹈比赛：如果说演讲部分是比赛规定动作，选手们总是能够准备得比较充分；那么观众提问就是即兴动作的比赛，考验每个人的应对能力。如果尴尬得不到正常的化解，不仅直接影响演讲的效果，还可能会导致演讲者和听众之间出现误会和矛盾。

有一天，纽约某住所举行林氏宗亲会活动，林语堂被邀请进行即兴演讲，大家表示，希望借他的演讲宣扬林氏祖先的光荣事迹。林语堂明白这是个"吃力不讨好"的差事：如果不说些夸赞祖先的话，同宗肯定会失望；若是言辞太过吹嘘，又有失自己的学者风范。

林语堂略一沉思，不慌不忙地走上台说："我们姓林的始祖，据说有商朝的比干（据说比干的遗腹子，是凭借长林掩护才生存下来，被赐姓林，名坚。），这在《封神榜》里提到过；英勇的有《水浒传》里的林冲；旅行家有《镜花缘》里的林之洋；才女有《红楼梦》里的林黛玉。另外还有美国大总统林肯，独自驾飞机越大西洋的林白，可以说是人才辈出。"他还凭借自己丰富的学识，对这些人物做了有趣的讲解。

　　文化大师林语堂的机智和博学令人惊叹。然而，我们细细体会他的话，就会发现他所谈的大部分是小说中虚构的人物，甚至还有和林氏毫无关系的美国总统。这样的表达既避免了对本姓祖先进行吹嘘，又满足了林氏宗亲的要求，真是幽默生动，奇妙无比。

　　演讲本来就不是一件容易的事，即兴演讲更是一件艰巨的工作。有时演讲会遇到一些意外情况，比如听众寥寥无几，有人故意捣乱，甚至有些听众故意提出刁钻古怪的问题，反对演说者的观点等。遇到这些情况，千万不能气馁、动怒、粗鲁地对待，那样会使演讲遭到惨败。优秀的演说家能以幽默

的方式沉着机智地应付各种意外情况的发生。

林语堂先生有一次在美国哥伦比亚大学讲授中国文化课。课上，他对中国文化大加赞誉。一位女学生不服气地发问："林博士，你是说，什么东西都是你们中国的好，难道我们美国就没有一样东西比得上中国的吗？"这是一个很难回答的问题，如果演讲者反过来赞扬美国，就不利于演说的主题；如果严肃地表示美国不如中国，则会引起在座学生的敌意。

林语堂只是轻松地回答："有的，你们美国的抽水马桶就比中国的好嘛！"他的话引起哄堂大笑，气氛骤然活跃起来，发问者对这一回答也无话可说。

在演讲中遇到听众有不同意见，不可漠然视之，如果不予恰当的处理，后面的演讲将难以顺利进行。

有时演讲者还会碰到恶意的攻击或咒骂，如果演讲者勃然大怒或与之对骂，将损害演讲人的形象，使捣乱者的阴谋得逞。

且看英国首相威尔逊是如何应付这种局面的：

英国首相威尔逊有一次在民众大会上演讲，遇到一些激烈的抗议，一名抗议者高声骂道："垃圾！"群众大惊，以为威尔逊先生会勃然大怒。不料，威尔逊镇定地说："先生，关于你特别关心的问题，我们等一会儿就讨论。"

威尔逊首相巧妙地将抗议者的谩骂转为现实生活中需要解决的一个问题，既为自己解了围，又使会场气氛轻松下来，被动的处境也就此摆脱了。

美国政界要人凯升首次在众议院发表演说时，由于打扮得比较土气，遭到了其他议员的嘲笑。一个议员在他演讲时插嘴说："这位伊利诺伊州来的人，口袋里一定装满了麦子呢！"众人听了哄堂大笑。

凯升也不发火，而是不慌不忙地说："真的，我不仅仅口袋里装满了麦子，而且头发里还藏着许多菜籽呢。我们住在西部的人，多数是土头土脑的。"他的自嘲式的坦率赢得了大家的好感和敬意,接着,他大声说:"不过我们藏的虽是麦子和菜籽,却能长出很好的秧苗来!"

众人对这位不卑不亢的演说者鼓掌赞赏,他的演说成功了。

自我调侃,幽默演讲的必备手段

演讲时,如果语言过于平实,表述生硬,听众的注意力就会渐渐开始转移。人们会向屋顶、窗外望去,不停地看表,"看遍万物"但就是不看演讲者。甚至听众们有的睡着了,或是半昏睡状态,一片茫然。这时,演讲者可以借助幽默的话语,将听众从这些状态中拉回来。

找到合适的幽默来吸引众多听众的注意力,实在不是一件简单的事情。而演讲者从自身搜寻"话题",采取自我调侃、自我嘲讽的方法不失为"哗众取宠"的最佳选择。

1955年,郭沫若回到母校日本九州大学作演讲,顺其自然,演讲主题很明确就是要描述自己在学校中的成长历程,以及表达自己对母校的感激之情。郭沫若说:"在这里我要向我以前的老师表白,我作为一个医科大学生,事实上不是一个'好学生'。福冈的景色太美了,千代松原也是非常美丽。由于天天接近这样好的自然美景,所以我在学生时代的时候没法用功,对于医学没有认真地研究下去,而跑到别的路上去了。"郭沫若的幽默带给了同学们一阵阵欢快的笑声。

郭沫若通过对在学生时代诙谐式的回忆,既表达了自己对母校美景的留恋,又展示了自己的幽默风采。

在参加即兴演讲的时候,应该充分发挥自己的想象力和创造力,用自己的与众不同来为演讲主题的幽默气氛增姿添彩,同时让幽默的演讲人脱颖而出。

演讲者的自我调侃不仅可以满足听众的好奇心,而且还可以降低演讲者的"高度",增加亲切感。

科学巨匠爱因斯坦在一次科学会议上说:"因为我对权威的轻蔑,所以命运惩罚我,使我也成了权威,这真是一个十分有趣的怪圈。"

这句话瞬间就将遥不可及的、神秘的物理学家变成了令人感觉亲近的平常人。

美国前总统乔治·布什也是一个十分善于进行自我调侃的人。

布什在美国第57届广播电视记者协会晚宴上做了"我给英语带来了什么?"的即兴演讲。在演讲过程中,他列举了许多自己在曾经的演讲中出现的低级的语法错误,博得了观众的阵阵善意的笑声。演讲最后他还颇为自豪地说:"你们说那又有什么大不了的呢?生活还在继续。我夫人和我女儿照样还爱着我。我们的军队依然在保卫边疆。美国人还是会在早晨起床去上班。人们仍旧出门玩得开心,就像我们今晚过得那么愉快一样。"

通过这段精彩的演说,布什告诉听众:总统也是普通人,也有不好的语法习惯,也不总是不苟言笑的。这样他就成功摘掉"总统"这个"高帽子",和听众站在了一起。

布什不仅习惯调侃自己,而且喜欢调侃他的智囊团。

在耶鲁大学接受名誉博士学位时,他这样勉励和他一起获得学位的同学:"最应该恭贺的是第21届的全体毕业生。我要对你们中间成绩优秀的人说,你们干得非常出色;同时,也要祝贺成绩C等的同学们——你们也有可能成为美国总统。耶鲁的学位是很有价值的,我经常这样提醒迪克·切尼——他曾经在这里读过书,只是离开得早了点儿。所以大家要明白了:如果你从耶鲁毕业的话,你能成为总统;如果你中途退学的话,你就只能成为副总统了。"

这样巧妙的调侃不仅达到了演说的目的——鼓励所有的同学们,成绩不能代表一切,不管曾经的成绩如何,都要自信地踏入社会,创造新的成绩。而且幽默地讲述属于白宫内部的"日常生活",极富情趣。

幽默结尾,余音绕梁回味无穷

如果说好的演讲开头犹如"凤头",那么好的演讲结尾就像"豹尾"。豹尾者,色彩斑斓而又强劲有力。演讲的结尾要既有幽默文采又坚定有力,既概括全篇又耐人寻味,这样才能使全篇演讲得以升华,收到良好的效果,才能够让听众们在笑声中感觉到意犹未尽。

有一年,全国写作协会在深圳罗湖区举行年会。开幕式上,省、市各级有关领导论资排辈,逐一发言祝贺。轮到罗湖区党委书记发言时,开幕式已进行了很长时间。于是他这样说:"首先,我代表罗湖区委和区政府,对各位专家学者表示热烈的欢迎。"掌声过后,稍事停顿,他又响亮地说:"最后,我预祝大会圆满成功!我的话完了。"他以迅雷不及掩耳之势结束了演讲。听众开始也是一愣,随后,即爆发出欢快的掌声。

从"首先"一下子跳到"最后",中间省去了其次、第三这样的讲话,言简意赅,出人意料,达到了石破天惊的幽默效果。确实是风格独具,别出心裁。

俗话说"编筐编篓,全在收口"。结尾是对整个演讲的总结,它承担着收拢全篇的任务。因此,其意义非常重要。演讲要获得全面成功,一定要精心设计好精彩的结尾。

鲁迅先生在结束《在上海中华艺术大学的演讲》时这样讲道:"以上是我近年来对于美术界观察所得的几点意见。今天我带来一幅中国五千年文化的结晶,请大家欣赏欣赏。"话刚说完,他就把手伸进了长袍,在大家好奇

下篇
妙用心理学，发挥幽默的才气与灵气

的关注中，发现他慢慢地从衣襟上方抽出了一卷纸。就在大家仍然摸不着头脑的时候，鲁迅先生把那卷纸缓慢打开。呈现在大家面前的居然是一幅破旧的月份牌！原来这就是鲁迅口中的文化结晶。霎时间全场爆笑。

　　鲁迅先生在恰到好处的动作表演以及幽默的悬念设置下，让演讲在大家的爆笑中拉下了帷幕。相信即使大家会忘记鲁迅演讲的内容，也不会忘记鲁迅演讲时候的幽默。这就是幽默结尾带给演讲者的回馈。
　　所以说结束语是演讲的重要组成部分，幽默的结束语能使演讲收到意想不到的效果。通常情况下，结尾不应冗长拖沓，更不能画蛇添足，而要在达到高潮时戛然而止，给听众以余音绕梁、回味无穷的感觉。结尾时要尽可能达到与听众感情上的交融，引起听众的共鸣。在把握好分寸的前提下，满腔热情地提出希望、要求和建议。

　　在一次演讲中，老舍先生开头说："我今天给大家谈六个问题。"接着就开始第一、第二、第三、第四、第五，井井有条地谈着。这时他发现会议的时间不多了，于是他提高嗓门："第六，散会！"听众先是一愣，接着就欢快地鼓起了掌，大家都十分敬佩老舍先生的幽默。老舍先生知道已到散会的时间，没有再按事先准备的去讲，而是选择时机戛然而止，既幽默又利索。

　　曾经有人说过："我把文章刊登在最受欢迎的地方，任务就完成了，而在演说上，当听众达到最愉快的顶点，你就应该设法结束了。"
　　讲演中，精彩而幽默的结尾要求大致可以归纳成以下两点：
1. 强化印象，结束全篇
　　当演讲基本完成，听众对你的观点、态度以及讲述的有关知识基本上已经掌握时，就应该考虑"收口"了。幽默"收口"将从视觉上、听觉上给听众留下最后印象，将在听众的大脑屏幕上"定格"，并直接决定听众对整个演讲的印象。精彩、幽默的结尾往往能弥补一些不足，强化听众的总体印象。只要我们留意一下，便会发现古今中外的演讲家对结尾都是很重视的。

第十七章　演讲幽默，做一个受欢迎的说话者

2. 言简意赅，耐人寻味

伟大的歌德曾这样欢呼新时代的到来："宽恕我吧，渗透着时代精神，这是莫大的乐趣。看呀，从前的智者是怎样思考的，而我们最后却远远超过他们。"歌德结尾的演讲简单生动，耐人寻味。

因此，精彩的演讲结尾不要重复、松散、拖沓、枯燥，应尽量避免那种人云亦云的客套式的结束语。结尾幽默生动应该是演讲者追求的目标。

第十八章

机智接招，幽默是有效的反击利器

在社交生活中，难免遇到心怀敌意的人，对待他们的恶意攻击或挑衅，如果我们也以同样的方式回击对方就可能会使矛盾激化，从而一发不可收拾。其实，对付他人攻击的最有效武器是幽默。在敌意面前，使用幽默来进行十分巧妙的应对和隐藏的反击，不仅能钝化攻击，而且能更加显示自己的风度。

幽默反击，让对手哑口无言

做老实人说老实话，本应该是一条为人处世的准则，但若一味地老实宽厚，反倒会迁就、纵容别人不适当的言行，因此，面对别人的无礼攻击和嘲笑挖苦，不妨要学会适当的反击，维护自己的利益和尊严。反击的方式有多种，其中最机智聪明的办法是幽默的反击。

一个吝啬的老板叫伙计去买酒。却没有给钱，他说："用钱买酒，这是谁都能办到的；如果不花钱买酒，那才是有能耐的人。"

一会儿伙计提着空瓶回来了。老板十分恼火，责骂道："你让我喝什么？"

伙计不慌不忙地回答说："从有酒的瓶里喝到酒，这是谁都能办到的；如果能从空瓶里喝到酒，那才是真正有能耐的人。"

显然，老板只是想占伙计的便宜，假如伙计不能有效地反驳他荒谬的论调，就有可能遭到老板的严厉训斥，或者是自己贴钱给老板买酒，无论如何吃亏的人都是他自己，没准儿还会助长老板的嚣张气焰。

在现实生活中，假如我们遇到了这样无理取闹，蛮不讲理的人，也一定要学会用幽默反击，以彼之矛攻彼之盾，既巧妙地化解对手无理取闹的行为，又让对手哑口无言、无话可说。

面对不讲理的人，要控制自己的情绪。以"骤然临之而不惊，无故加之而不怒"的大丈夫的涵养与气量，在气质上镇住对方。然后要冷静考虑对策，从中选出既幽默又有反击力度的最佳方案，找准打击点，在谈笑中让对手吃个哑巴亏，有口说不出。

在运用幽默反击时要冷静，切不可意气用事，可以采用旁敲侧击、指桑骂槐等方式，以谬制谬，抓住对手语言上的漏洞，一击制胜。

有个叫比尔的人，经常以愚弄他人而自得。一天早上，他坐在门口吃面包，看见杰克逊大爷骑着毛驴从远处哼呀哼呀地走了过来，于是他就喊道："喂，吃块面包吧！"

大爷出于礼貌，从驴背上跳下来说："谢谢您的好意。我已经吃过早饭了。"

比尔却一本正经地说："我没问你呀，我问的是毛驴，"说完，很得意地一笑。

对比尔这一无礼侮辱，杰克逊大爷非常气愤，却又无法责骂这个无赖。他抓住"我和毛驴说话"的语言破绽，狠狠地进行了反击。

他猛然地转过身，"啪、啪"照准毛驴脸上就是两巴掌，骂道："出门时我就问你城里有没有朋友，你斩钉截铁地说没有，没有朋友为什么人家会请你吃面包呢？""叭、叭"对准驴屁股又是两鞭，说："看你以后还敢不敢乱说？"

骂完，翻身上驴，扬长而去。

大爷借教训毛驴，来嘲弄无赖已和毛驴建立的"朋友"关系，使他有苦难说，张口结舌，哭笑不得，幽默地反击了比尔的挑衅。

总之，对于故意寻衅的敌人和尖酸刻薄的语言，我们一定要学会幽默地反击，而不能一味地忍让和宽厚下去，让他小人得意。为人兼有软硬两手，才是立身自保并争取主动的处世真理。

用幽默之矛反戈一击

幽默具有让人意想不到的功效，人与人之间的交往并非全都是友好的。有些人往往充满敌意，或者因为某些原因，使两人相处得很尴尬。在这些时候，幽默是解除这些窘境的最好方法。

运用幽默看上去像是防守，其实是更具有智慧的进攻，因为幽默不仅能以含蓄、婉转的方式达到最佳目的，而且在讽刺、攻击、挑衅时，让人感到尖利而不会正面冲撞，让人觉得辛辣又不会刺刀见红。

台奥多尔·冯达诺是19世纪德国著名作家。他在柏林当编辑时，收到一位青年作者寄来的几首没有标点的诗，随信说："我对标点向来是不在乎的，如用，请您自己填上。"冯达诺很快将稿件退回，并附信说："我对诗向来是不在乎的，下次请您只寄些标点来，诗由我填写好了。"

幽默贵在收敛攻击的锋芒，这是对一般情况而言，而在特殊情况下，就不尽然了。尤其是在极其卑劣的事和人面前，或者对外来的攻击忍无可忍之时，过分轻松的调笑，不但显得软弱无能，缺乏正义感，而且会导致对方更嚣张地进攻。

> 用玩笑来应付敌人，自然也是一种好战法，但触着之处，需是对手的致命伤，否则，玩笑终不过是一种单单的玩笑而已。
> ——鲁迅

幽默的攻击性在这里恰如其分，幽默感并未因攻击性之强而变得逊色，这主要是依靠表面不动声色、貌似温和，而实际上却绵里藏针。

德国19世纪诗人海涅是个犹太人，常常遭到无礼的攻击。在一次晚会上，一个旅行家对他说："我发现了一个岛，这个岛上居然没有犹太人和驴子！"

海涅白了他一眼，不动声色地说："看来，只有你我一起去那个岛上，才会弥补这个缺陷。"

用幽默去骂人，比直接骂人要含蓄得多，却更有力量。因为这些话是从对方的话中推理出来并回敬回去的。对方要反击，需要取消自己说过的话，但"说过的话，泼出去的水"，谁能有办法收回呢？

反戈一击不难，反击得如此巧妙却是很困难的；接过对方带有侮辱性的话语，好像是要向对方屈服似的，不料突然一个反转，对方已经被自己击中。这样的幽默由于突然的反转就带上了戏剧性。

《世说新语·言语》中记载孔融10岁时随父亲到洛阳一个名人家去。他应对自如，主人及来宾均甚惊奇，有一位姓陈的官员却说：

"小时候挺不错的，长大了不见得有多好。"

孔融说："看来你小时大概是挺不错的。"

在反戈一击时，要善于抓住对方的一句话、一个暗示、一个结论，然后把它反过来针对对方，把他本不想说的荒谬的话硬塞给他，叫他推辞不得，却又无可奈何。

反戈一击的幽默适用性非常广泛，对方一旦露出丝毫的恶意，可以用顺势而攻、借题反转之法还他同样的恶意。

有一则阿凡提的故事就是这样：

国王在宴会上赐给每个人一套华丽的衣服，同时叫来了阿凡提，把一块披在毛驴身上的麻布披在阿凡提身上。阿凡提恭恭敬敬接过麻布，再三道谢。然后高声向客人说："贵宾们，国王赐给你们的衣服虽然华贵，可都是从集市上买来的，可是赐给我的，却是他自己的皇袍。"

阿凡提把侮辱奉还给国王，而且还彬彬有礼，让国王无从发怒，还得笑声附和。反戈一击的幽默，相当于等量回敬，但是也完全可以根据情况，使还击升级。

这种幽默的反击有一个特殊规律,即反击的性质不由自身决定,而由发动攻击的对方决定。如果对方发动攻击时所用的语言是侮辱性的,则反击也是侮辱性的;对方如果是带着几分讥讽,反击自然也就会带上几分讥讽。如果对方发动攻击时是调笑性的,那么,用反戈一击的方法演绎出来的幽默语言同样也是调笑性的。

锋芒内敛,隐蔽反击

在生活中,我们有时候会受到别人冷嘲热讽的言语攻击,如果我们也以同样的方式回击对方就可能会使矛盾激化,从而一发不可收拾。如果我们在受到别人的言语攻击时,使用幽默来进行十分巧妙地应对和隐蔽地反击,就能收到很好的效果。当然,这并不是一件容易的事情,在接过对方攻击性的话语后,先来个故弄玄虚,然后话锋突然一转,回击对方,这样的幽默由于突然的回转就带上了戏剧色彩。

隐蔽反击的要点一是要隐蔽,二是要对等。隐蔽是说反击不能太直接和裸露。对等就是说根据对方的语言情境作出相应的回应。下面是一则发生在主人和客人之间的小幽默:

主人问客人:"在您的咖啡里放几羹匙白糖?"
客人开玩笑地说:"在自己家里时放一羹匙,在别人家里做客时放四羹匙。"
主人忙说:"呵呵!请别客气,您就像在自己家里一样好了。"

客人的幽默无失礼之处,而且还能活跃待客场合的严肃气氛,因而,主人幽默的借题发挥,顺势而为,作出了风趣地回应。

有些时候,别人会带着狭隘之心刻意而为地恶意攻击,在这种情况下,如果再不以牙还牙,以眼还眼,就会丧失人格。一般说来这时的攻击是应该锋芒毕露了,但是如果你认真思考过了,你就会发现我们最终所追求的并不

下 篇
妙用心理学，发挥幽默的才气与灵气

是攻击的锋芒，而是攻击的力度。用幽默的方式做隐蔽的回击，隐藏了锋芒，增加了力度，从而使回击的现场效果得到淋漓尽致的发挥。

诗人拜伦在泰晤士河岸散步时，看到一个落水的富翁被一个穷人冒着生命危险救上岸，然而吝啬的富翁只给了这个穷人一个便士作为酬谢。

聚集在岸边围观的人们非常气愤，叫嚷着要把这个忘恩负义的家伙抛到河里去。这时，拜伦阻止他们说："把他放下吧，他值几个钱他自己清楚。"

在隐蔽反击时，要善于抓住对方的一句话、一个比喻、一个结论，然后把它倒过来去针对对方，把他本不想说的荒谬的话、不愿接受的结论用演绎的逻辑自然地加到他身上，叫他推辞不得，叫苦不迭，无可奈何。

英国作家弗兰西斯·哈伯有一次出游，让他的随从刷一下靴子，但随从没有遵照执行。

随从说："刷了有什么用，路上都是泥，很快又沾上泥了。"

哈伯吩咐立即出发，随从说："我们还没有吃早饭呢。"

哈伯立即回答："吃了有什么用，吃了很快又饿。"

随从的借口并无恶意，哈伯延伸思路进行反击，使随从哭笑不得，无可争辩，进而得以反省。反戈一击的幽默以后发制人、"以其人之道，还治其人之身"为特点。就像《圣经》所说，把上帝的还给上帝，把恺撒的还给恺撒。

第十八章 机智接招，幽默是有效的反击利器

谨慎运用"敌意"幽默

"敌意"幽默是一种通过表面上表达敌意或者不满,而实际上是表达赞美、认同的一种幽默手法。这种幽默因其表达的问题和表达的方式的敏感性而不易运用,而且如果对方不是一个很具幽默感的人,那么这种幽默的表达方式还有可能引起误会,造成不愉快。

事实上有关幽默力量本身的许多矛盾之处,都显示我们只有对所爱、所关心的人运用时,才能使"敌意"的幽默得到有效运用,并产生好的结果。这种"敌意"的幽默常常以女性为对象。例如:

公司里的职员有时开玩笑说到太太们的奢侈。一个说:"就算皮包里层是磁铁或黏合剂,能把钱牢牢粘住,我太太的钱也不可能留在皮包里。"一个说:"据我太太告诉我,她承认她喜欢花钱,但是不要用'奢侈'这个词来说她,另找个新字好了。"

这类幽默从表面上看来似乎是很损人。但是我们从另一个角度来看,这些职员其实都很爱自己的太太,他们实际上表达的意思是自己的太太更懂得生活。他们以太太的奢侈为幽默的素材来表示对太太的爱,并且以此代替直白的夸耀。或者你也可以这样说:

"我们的孩子也应该和我们从前一样去学习性知识——从厕所墙壁上。"这句带有讽刺意味的妙语,能帮助他人了解并接受你话中的含意:"有性教育总比错误的性知识来得好。"

"敌意"幽默的效果在于使他人能集中注意力听你说话,记住你所说的,并且也能使谈话活泼进行,便于意见的表达。

不过,运用"敌意"幽默一定要谨慎。有时候,我们需要用到一些理智的思考,但还是很容易流于残忍和刻薄。而且更有甚者,"敌意"幽默表面所带有的轻微的侮辱也极易刺伤他人的心,进而伤害彼此的感情。

也有人善于恰当把握"敌意"幽默并有效运用它。例如格鲁丘·马克思称得克萨斯州人为"他妈的北佬",使得克萨斯州人听了哈哈大笑,因为他深谙"敌意"幽默之道。但是即使是老手,偶尔也会有失败的时候,并因此造成听者极不愉快。所以,"敌意"幽默要尽量少用,初学幽默者更要慎用。

沉稳冷静,幽默反击

人生在世并非所有的事都称心如意,也并非所有的人都对自己友好和善。我们生活的世界异彩纷呈,这就造就人的多种多样,性格各异。你在为人处世过程中,不免碰到一些刁钻古怪之人,他们会在一些正式或非正式的场合对你进行有意刁难。此时机智幽默、沉稳应对便是挫败对方的关键所在。

1. 活用幽默的技巧

幽默可以使剑拔弩张的局面得到缓解。

苏联诗人马雅可夫斯基在一次集会上演讲结束后,与对他怀有敌意的发问者展开了争论。

发问者说:"您的诗太骇人听闻了,这样写诗是短命的,明天就会完蛋,您本人也会被忘却,您不会成为不朽的人。"

马雅可夫斯基答道:

"请您过1000年再来,到那时我们再谈吧!"

问者又说:"您说,有时应当把沾满'尘土'的传统和习性从自己身上洗掉,那么您既然需要洗脸,这就是说,您也是肮脏的了。"

诗人答道:"那么,您不洗脸,就认为自己是干净的吗?"

问者又说:"您的诗不能使人沸腾,不能使人燃烧,不能感染人。"

诗人答道:"我的诗不是大海,不是火炉,更不是鼠疫。"

这段对话不时引起人们阵阵笑声和掌声。诗人运用了影射、讽喻、双关等修辞手法,使得对话具有幽默感。诗人逐一反驳了对方的挑战,给唇枪舌剑的争辩添上了诙谐的情调。

以其人之道,还治其人之身。

一个英国电视台记者采访梁晓声,说:"没有'文化大革命',可能也不会产生你们这一代青年作家,那么'文化大革命'在你看来究竟是好还是坏?"

此问之刁,分明是诓人上当。梁晓声灵机一动,立即发问:"没有第二次世界大战,就没有以反映第二次世界大战而著名的作家,那么你认为第二次世界大战是好还是坏?"他巧妙的回答,把球又踢给了对方。英国记者一怔,无言以对。

梁晓声以其人之道,还治其人之身,转败为胜。

"以眼还眼,以牙还牙",用对手的办法制服对手。这种谋略的运用和取胜,往往会使对手无话可说,有苦难言,并使自己迅速由被动转为主动,取得交锋的胜利。

2. 以讲故事的方式幽默反击

有人曾批评英国前首相丘吉尔做事"不够尽善尽美",丘吉尔并未直言反驳,而是说了一个小故事:

在普利茅斯港有一位船夫救起了一个即将溺死的少年。一个星期后,一位太太叫住这位船夫:"上星期救我孩子一命的人是不是你?"

船夫说:"是的,太太。"

"哦!我找你好几天了,我孩子的帽子呢?"

绝妙的幽默!

做事情可以求其尽可能完善,但若一味着意于尽善尽美,则很可能适得其反。那船夫救孩子时,还要竭力去打捞帽子,就有可能得了帽子,丢掉孩子,若论善美,那位太太是要孩子,还是要孩子的帽子?事物原有本末之分,抓本则至善,逐末则成空。

下 篇
妙用心理学，发挥幽默的才气与灵气

3. 话锋犀利，毫不示弱

（1）妙喻反击。

在"九·一三"林彪叛逃事件之后，在联合国安理会的一次辩论中，苏联代表马立克傲慢地说："中国那么好，为什么林彪往苏联飞呢？"中国代表镇静而幽默地回答："尊敬的马立克先生，您连这一常识都不懂，鲜花虽香，苍蝇不照样往厕所飞吗？"

（2）把自己的弱点转化成优点。

1984年，里根在竞选总统时与对手蒙代尔进行电视辩论。在论辩中，蒙代尔针对里根的年龄大发动攻击。指出高龄不适合担任总统。对此，里根说道："蒙代尔说我年龄过大，但我不会把对手的年轻、不成熟这类问题在竞选中加以利用。"里根这种机敏的语言引得听众发笑，在笑声中，选民接纳了里根。

（3）巧妙地回击别人的嘲笑。

当乔卡诺来到众议院时，他不过是一个刚刚进入的新议员，当他首次发表演说时，演说受到了众人的讥讽。但他巧妙地回击了别人的嘲笑。当时的情况是：在他发言的时候，有议员嘲笑他："这位来自伊利诺州的先生，他的口袋里必定装满了燕麦。"这句话顿时引起了人们的哄堂大笑。但是乔卡诺却毫不示弱地说："不但我的口袋里装着燕麦，就连我的头发里也还带着种子呢！"就因为这一句话锋犀利的话，乔卡诺从此踏上了显赫的政途。

总之，生活中，当对方蓄意刁难，说出令人难堪窘迫的话时，最好的对策是沉稳冷静，充分调动幽默的智慧，进行反击和转化，以使对方作茧自缚，使自己摆脱被动。

很多幽默是一种调侃或者解嘲，但有的幽默也带有一定的攻击性，在使人发笑的同时还能达到某种还击的目的。当然，还击的锋芒是内敛的，不是泼妇骂街式的直白。这样既能达到还击的目的，还可让对方有苦难言，这就是幽默技巧的高明所在。

机智幽默，巧妙反驳

世界著名文学家罗曼·罗兰说："在争论中是不分高低贵贱的，也是不管称号姓氏的，重要的只是真理，在它面前人人平等。""事实胜于雄辩"，只要我们的见解合乎事实，代表真理，加之运用正确的辩论方式，便能立于不败之地。

反驳是辩论的重要组成部分，反驳的过程实际上是辩论的过程。在这个思想交锋的过程中充满了技巧性和艺术性。在日常生活中，我们常会遇到这种情况：明知对方所讲的话不对，却不知如何反驳，即使进行反驳，也往往驳不到点子上，甚至给对方留下反击的把柄。

但是，如果我们善于寻找反驳的最有利的突破口，那就能一箭中的，轻易地驳倒对方。

1. 以谬制谬

（1）一个外国游客参观果园时边走边吹："我们国家的水果可棒了，橘子像足球，香蕉像铁塔，菠萝像……"

正当他得意洋洋时，突然绊倒在堆积如山的西瓜上。一位果农大声叫道："先生，当心我们的葡萄！"

（2）一位记者向扎伊尔总统蒙博托说："你很富有。据说你的财产达30亿美元！"

显然，这一提问是针对蒙博托本人经济上是否廉洁而来的。对于蒙博托来说，这是一个极其严肃而易动感情的敏感问题。蒙博托听了后发出长时间的哈哈大笑之后反问说："一位比利时议员说我有60亿美元！你听到了吧？"

疾言厉色地驳斥，则既有失风度体统，又有"此地无银三百两"之嫌；心平气和地解释恐怕也行不通，谣传的事情能够三言两语澄清真相吗？于是蒙博托除了用"长时间的哈哈大笑"这种体态语表示不屑一顾外，还引用一位比利时议员的话来反问记者，似乎在嘲弄记者的孤陋寡闻，但实际上是以更大的、显然是虚构的数字来间接地否定了记者的提问。

2. 委婉点拨

（1）19世纪意大利著名歌剧作曲家罗西尼，对自己的创作非常严肃认真，非常注意独创性。对那些模仿、抄袭行为深恶痛绝。

有一次，一位作曲家演奏自己的新作，特意请罗西尼去听他的演奏。罗西尼坐在前排，兴致勃勃地听着。开始听得蛮入神，继而有点不安，再而脸上出现不快的神色。

演奏按其顺序继续下去，罗西尼边听边不时把帽子脱下又戴上，过一会，又把帽子脱下又戴上。这样，脱下戴上，戴上又脱下，接连好几次……

那位作曲家也注意到了罗西尼的这个奇怪的动作和表情，就问他："这里的演出条件不好，是不是太热了？"

"不，"罗西尼说，"我有一见熟人就脱帽的习惯，在阁下的曲子里，我碰到那么多熟人，不得不频频脱帽了。"

艺术贵在独创，这样才能形成带有个性特征的风格乃至形成流派；抄袭与模仿，则只能在艺术巨匠的浓阴中苟且偷生，毫无建树。因此，要反对单纯的模仿，更要杜绝抄袭行为。19世纪意大利著名歌剧作曲家罗西尼对模仿、抄袭行为的深恶痛绝概源于此。然而，直接的指斥恐怕会使对方十分难堪，罗西尼便用体态语及其说明(一见熟人就脱帽的习惯)来委婉地表示："在阁下的曲子里我碰到那么多熟人"，言外之意是你抄袭了别人的作品。虽然没有明说，那位作曲家的脸一定会涨得通红！

（2）《福尔摩斯探案集》的作者阿瑟·柯南道尔，曾当过杂志编辑，每天要处理大量退稿。一天，他收到一封信，信上说："您退回我的小说，但我知道您并没有把小说读完，因为我故意把几面稿纸粘在一起，您并没有把它们拆开，您这样做是很不好的。"

柯南道尔回信说："如果您用早餐时盘子里放着一只坏鸡蛋，您大可不必把它吃完才能证明这只鸡蛋变味了。"

（3）新推销员对老推销员说："我每到一个地方都要受人侮辱。"

"那太糟了，"老推销员甚表同情，"没有体验过那种情况，在我40多年的推销生活中，我拿出去的样品曾被人扔出窗外，我自己也曾经被女人轰出去过，被男人踢下楼梯，还曾被人一拳揍在鼻子上。但我想我比你还是要幸运一些，毕竟我从来也没有被人侮辱过。"

（4）赫尔岑是俄国著名的文学批评家。他有一次参加一个晚会，晚会上演奏的轻佻音乐使他非常厌烦，他不得不用手捂住耳朵。

主人向他解释："演奏的是流行歌曲。"

赫尔岑反问一句："流行的乐曲就是高尚的吗？"

主人听了很是吃惊："不高尚的东西怎么能够流行呢？"

赫尔岑笑着说："那么，流行性感冒也是高尚的了？"

（5）在上文学课的时候，一位年轻的女学生问教授是否看过一本当时非常流行的畅销书，教授承认没有看过。女学生惊讶地大声说："哟，这本书都发行了30个月了，您怎么还没有看过？"

教授不紧不慢地对女学生说："姑娘，你读过但丁的《神曲》吗？"

女学生："没有，没读过。"

教授："那你可要抓紧啊，它都问世好几百年了！"

（6）交通警察在公路上截停一名汽车司机："你在车速限制为50公里的地带超速至75公里。"警察边写罚单边说。

那汽车司机苦笑着问道："请你写成我在车速限制为80公里的地带把车开到120公里行吗？我正要把这慢汽车卖掉。"

3. 针锋相对

（1）一位女作家的一部长篇小说，发表后引起轰动，一时成为最畅销的热门书。有个评论家曾向女作家求婚遭到拒绝，怀恨在心，经常在评论中旁敲侧击地贬低这位女作家的才干。有一次文学界举行聚会，许多人当面向女作家表示祝贺，称赞作品的成功。女作家一一表示感谢。忽然那位评论家分开众人，挤到前面，大声向女作家说道：

"您这部书的确十分精彩，但不知您能否透露一下秘密，这本书究竟是谁替您写的？"

女作家还陶醉在众人的赞扬声中，冷不防他竟会提出这样的问题，就在她一愣的刹那，已有人偷偷发笑了。女作家立即清醒地估量了形势，做问题以外的争吵于自己不利。她马上镇静下来，露出谦和的笑容，对评论家说道：

"您能这样公正恰当地评价我的作品，我感到十分荣幸，并向您表示由衷的感激！但不知您能否告诉我，这本书是谁替您读的呢？"

评论家的问话，用意十分明显。而女作家的反问，同样针锋相对，潜台词是说，你从来不认真读别人的作品，所作的评论无非信口雌黄。连书都不读的人，有什么资格作评论！巧妙的反问，使评论家陷入了十分狼狈的处境。

（2）法国19世纪的大文学家大仲马喜欢跟别人开玩笑，一些玩笑同他的文学作品一样，使他的声名大噪。

有一次，法兰西剧院演出苏密的悲剧，他到剧院看戏，与苏密坐在一起。大仲马注意到，有一位观众呼呼大睡。他拉了拉苏密的胳膊说："你瞧，你的戏的效果！"

第二天晚上，法兰西剧院上演大仲马的一出戏。大仲马坐在正厅的一个地方看演出。这时有人拍他的肩膀，他一看，原来是苏密。苏密指指前面，有一位先生睡得正香。

"你瞧，我亲爱的大仲马，您的戏有时也会给人催眠的。"

"噢，不错！"大仲马反驳说，"就是昨晚我们看见的那个人，他没睡醒吧！"

（3）某公共汽车终点站上，停靠着一辆待发的汽车，车上的座位已坐满了人。

这时，坐在车身中门座位上的一位妇女起身向前门售票员处买票，与此同时中门上来一位女同志，见有空座位就坐下了。

那位去买票的妇女返身回来发现自己的座位被别人占了，顿时横眉竖目大声道："下蛋不勤占窝倒挺快。"

那位坐着的女同志先是一愣，转眼看到她手中拿着的车票，突然像是明白了什么，一边起身让座，一边道歉："对不起，耽误您下蛋了。"

（4）英国诗人乔治·英瑞出生于一个木匠的家庭，他在上流社会中从不隐讳自己的出身。

有个贵族子弟嫉妒他的才华，在众人面前想出出他的洋相，就高声地问道："对不起，请问阁下的父亲是不是木匠？"

"不错，您说得很对。"诗人回答。

"那他为什么没把你培养成木匠？"

乔治微笑着，很有礼貌地反问："对不起，那阁下的父亲想必是绅士了？"

"那当然！"这位贵族子弟傲气十足地回答。

"那他怎么没把你培养成绅士呢？"

在辩论中，对方的论点、论据、论证方式都可以成为我们选择的最有利的突破口。同时还必须记住：

一、选择最有利的突破口时，必须做到有理、有利、善于组织合理的进攻。

在反驳中，根据需要与可能，采取一种或多种方式进行。驳倒对方的论据或论证，并不等于驳倒了对方的论点。事实上，在论据虚假或未经验证的情况下，论点却有可能是真的。因为，要注意反驳的严密性、科学性。只有站在进可攻、退可守的地位，才能更有效地制服对方。

二、反驳是通过推理来实现的，所以，也必须遵守推理的规则。

严格遵守逻辑推理原则，一是被反驳的观点、论据和论证，必须确定是对方的思想；二是在反驳的过程中，反驳的对方必须确定，不得偷换，否则，会抓不住关键贻误战机。

如何选择最有利的突破口是反驳成功的前提。对于我们来说，学会了怎样选择最有利的突破口，反驳就等于成功了一半，至于怎样反驳，克敌制胜，还需要在实战中锻炼。

一个真实的论点，除了需要有充分而真实的论据外，还必须有合乎逻辑规则的论证方式。如果对方在论证方法上存在着论据与论点脱节的错误，那么，对方的论点也就难以成立，反驳的突破口还可以选择在对方的论证方法上。

化解对抗，弱化攻击

在生活中，我们无法避免与他人发生一些冲突和摩擦。有时候，可能是因为别人对我们不了解或是其他原因而说出一些带有攻击性的话语，此时如果我们选择沉默，很可能造成屈服的假象，使自己处于被动的地位；而如果我们以牙还牙，咄咄逼人地还击，怒发冲冠地辱骂对方，又难免有失风度。不妨用柔中带刚的幽默话语来弱化对方的攻击，这样，不仅能让自己摆脱被动，同时还能提升个人的人格魅力，更重要的是能化解彼此的对抗，给双方都带来宽松愉悦。

1. 引申原意，化解对抗

化解对抗的一种有效办法是夸张，不管对方的言行有多么荒谬，也未必需要用针锋相对地办法和他争辩，只要把他的言行进行一定程度的夸张，使其中的荒谬色彩更加浓厚，连他也无法争辩时，他的言行就不攻自破了，他就会认识到自己的错误，而对抗的局面也就不会出现。

有一个贵族想邀请一位著名的小提琴手到他家去演出，但他又不想出钱，于是便给这位小提琴手写了一封邀请函："亲爱的小提琴手，请明天上午10点钟，一定到我家来喝咖啡，注意，千万不要忘了带上你那把心爱的小提琴。"

小提琴手看完邀请函后，立即回函道："谢谢你的邀请，我一定去喝咖啡，但是我的小提琴就不去了，因为，它从来不喝咖啡。"

本是拒绝对方的邀请，但顾忌对方颜面，不便明说，故意用荒诞的引申"小提琴不喝咖啡"来表明态度，既十分机智，又幽默无限，展现了小提琴手的幽默从容。

妻子指责丈夫说："什么事你都自己做主，眼里还有没有我这个妻子？"
丈夫说："我的眼睛那么小，怎么放得下你整个人。"

面对妻子的指责，丈夫没有针锋相对地进行争辩，而是把妻子的话进行了引申和夸张，使"眼小"和"整个人"形成了强烈的对照，幽默意味十足，有效地改善了当时的氛围，使妻子转怒为喜。

2. 转移视线，弱化攻击

如果当妻子的当众骂丈夫，那是最伤夫妻感情的事了。但如果你是一个居困不慌而且具有幽默感的丈夫，面对妻子的责骂，就可以假装糊涂，转移视线，弱化这种攻击。

有一次，几个朋友正在一家餐馆聚餐，一位朋友的妻子突然来到，不知为何，开口便大声训斥丈夫："你是世界上最卑鄙无耻的人！"

餐馆的顾客都注视着他们。当丈夫的迅速站起来扯开嗓子叫道："说得好，老婆，你还对他骂了些什么？"

这位朋友真是高明，他妻子的火一下就下去了。他这句话有多层意思，一是给老婆面子，暗示老婆不要太冲动，影响不好；二是让顾客知道他老婆不是骂他的，给自己面子，虽说大家心里都明白是骂他的，但注意力却都被转移到他的幽默机智上去了；再就是给了几个朋友面子，避免了聚会场合陷入僵局。后来这位朋友的妻子反而同他们一起进餐，并真诚地向丈夫和他的朋友们表示道歉。这反倒给他们这次聚餐增加了欢乐气氛。

在生活中我们所面对的矛盾都不是你死我活的，完全没有必要采取"以牙还牙，以血还血"的极端方式。适时的运用幽默，使用恰当的方式来削弱针锋相对的愤怒，使幽默的情趣更浓地扩散开来，那么一切的不愉快都会烟消云散，高质量的生活就会时刻拥抱着我们。

第十八章 机智接招，幽默是有效的反击利器

参 考 文 献

[1] 葛维实编著,惠晨光绘.最受欢迎的幽默口才[M]北京:北京城市出版社,2010
[2] 易君如主编.解密幽默技巧:展现你的幽默[M]北京:海潮出版社,2011
[3] 李秀红编著.最受欢迎的幽默说话术[M]北京:中国纺织出版社,2012
[4] 张志英编著.一分钟幽默口才艺术[M]北京:中国纺织出版社,2011
[5] 陈浩著.幽默沟通学:零距离制胜的口才秘籍[M]北京:中国华侨出版社,2013
[6] 李志敏编著.有一种口才叫幽默[M] 北京:中国纺织出版社,2014
[7] 黄岩军编著.实用幽默技巧[M]北京:中国纺织出版社,2013
[8] 丁振宇编著.瞬间掌握幽默口才:说话中的100个幽默细节[M]北京:北京工业大学出版社,2011
[9] 吴月杰编著.每天一堂幽默课[M]北京:中国华侨出版社,2011
[10] 侯刚编著.幽默让你更受欢迎[M]天津:天津科学技术出版社,2008